EL ÚLTIMO LIBRO DE COCINA DE QUESO FETA

Un viaje al mundo del queso feta. Descubriendo recetas deliciosas y técnicas inspiradoras

María Rosa Gil

Material con derechos de autor ©2023

Reservados todos los derechos

Ninguna parte de este libro puede usarse ni transmitirse de ninguna forma ni por ningún medio sin el debido consentimiento por escrito del editor y del propietario de los derechos de autor, excepto las breves citas utilizadas en una reseña. Este libro no debe considerarse un sustituto del asesoramiento médico, legal o de otro tipo profesional.

TABLA DE CONTENIDO

- **CONTENIDO** ... 3
- **INTRODUCCIÓN** ... 6
- **DESAYUNO** ... 7
- 1. Panqueques de queso feta y aceitunas ... 8
- 2. Shakshuka al horno de leña ... 10
- 3. Waffles de espinacas y queso feta ... 12
- 4. Tortilla de soufflé de queso feta y tomates secos ... 14
- 5. Tortilla De Camarones Y Espinacas ... 16
- 6. Wrap de tortilla mediterránea ... 18
- 7. Ravioles de espinacas, huevo y queso feta ... 20
- 8. Revuelto de raviolis y espinacas ... 22
- 9. Croissants de espinacas y queso feta ... 24
- 10. Tortilla de menta y queso feta ... 26
- 11. Frittata de tomate secado al sol y queso feta ... 28
- 12. Tazón de desayuno con tomates secos y queso feta ... 30
- 13. Acharuli khachapuri ... 32
- 14. Donuts de espinacas y queso feta ... 35
- 15. Biscotti de orégano y queso feta ... 37
- 16. Biscotti de espinacas y queso feta ... 39
- 17. Estratos de huevo y alcachofa ... 41
- **PAN** ... 43
- 18. Tiropsomo ... 44
- 19. Tiropita ... 47
- 20. Gözleme ... 49
- 21. Poğaça ... 52
- 22. Dakos ... 55
- 23. Eliopsomo ... 57
- **PIZZA Y PIZZAS** ... 59
- 24. Pizza de atún con caponata y prosciutto ... 60
- 25. Pizzetas de higos, cebolla y microverdes ... 62
- 26. Pizza integral de brócoli asado con limón ... 65
- 27. Pizzeta mediterránea ... 67
- 28. Pizza griega ... 70
- 29. Pizzeta de espinacas y queso feta ... 72
- 30. Pizza de verduras asadas y queso feta ... 75
- **BOCADILLOS Y APERITIVOS** ... 78
- 31. Canapés de espárragos y queso feta ... 79
- 32. Bolas de oliva y queso feta ... 81
- 33. Molinetes de espinacas y queso feta ... 83
- 34. Bruschetta de menta y queso feta ... 85

35. Pimientos Rellenos De Menta Y Feta 87
36. Dip de tomate secado al sol y queso feta 89
37. Buñuelos de arroz, berenjena y queso feta 91
38. Nachos de pollo griegos 94
39. Bruschetta de fruta del dragón 96
40. Bruschetta de aceituna 98
41. Quiches de wonton de espinacas y queso feta 100
42. Remolacha roja asada con queso feta y dukkah 102
WRAPS Y SÁNDWICHES **104**
43. Pita, Pesto y Parmesano 105
44. Wrap de tomate y queso feta secados al sol 107
45. Hamburguesas griegas de pavo 109
46. Wrap vegetariano mediterráneo 111
47. Sándwich de pollo a la parrilla y ensalada de queso feta 113
48. Hamburguesa mediterránea de champiñones Portobello 115
49. Pita De Pollo Griega 117
50. Hamburguesa de pavo rellena de queso feta y espinacas 119
51. Wrap de pollo caprese 121
52. Hamburguesa de champiñones Portobello rellena de queso feta y espinacas 123
53. Wrap de ensalada griega de garbanzos 125
54. Sándwich de pechuga de pollo relleno de queso feta y espinacas: 127
PLATO PRINCIPAL **129**
55. Lasaña de cordero marroquí 130
56. Lasaña griega de moussaka 133
57. Lasaña de cuatro quesos 136
58. Lasaña de queso feta y aceitunas 138
59. Mejillones Puttanesca Con Albahaca 140
60. Pollo relleno de espinacas y tomates secados al sol 142
61. Tomate secado al sol y queso feta Portobellos 144
62. Pan de atún con tomates secos y queso feta 146
SOPAS **148**
63. Sopa de brócoli microverde con queso feta 149
64. Sopa de macarrones con queso y espinacas y queso feta 153
65. Sopa De Tomate Y Feta 149
66. Sopa de espinacas y queso feta 155
67. Sopa de pimiento rojo asado y queso feta 157
68. Sopa de lentejas y queso feta 159
ENSALADAS **161**
69. Ensalada De Tomate Con Pan Asado 162
70. Ensalada mediterránea de ñoquis 164
71. Ensalada de ñoquis de espinacas y queso feta 166

72. Ensalada de espárragos y quinua 168
73. Ensalada de langosta, queso feta y ravioles 170
74. Ensalada César al horno de leña 172
75. Ensalada De Hibisco Y Quinua 174
76. Ensalada de sandía y microvegetales de rábano 176
77. Ensalada griega de ravioles 178
78. Ensalada De Sandía Y Menta 180
79. Ensalada de menta y naranja 182
80. Ensalada de tomates secos y queso feta 184
81. Ensalada griega de macarrones con queso 186
82. Ensalada de sandía a la parrilla 188
83. Ensalada de durazno y rúcula a la parrilla 190
84. Ensalada de pitahaya y quinua 192
85. Ensalada De Amaretto Y Fresa 194
86. Ensalada griega wonton 196
87. Ensalada de perejil y pepino con queso feta 198
88. Ensalada de otoño con bayas de Goji 200
CONDIMENTOS Y ACOMPAÑANTES 202
89. Papas fritas griegas cargadas 203
90. Tupinambos con granada 205
91. Pesto de alcachofas con queso 207
92. Espinacas y patatas 209
POSTRE 211
93. Verrines de sandía y microverdes 212
94. Spanakopita rellena de microverdes 214
95. Pastel de olla al estilo libanés 217
96. Hojaldres de espinacas y queso feta 219
97. Fondue de queso feta y ricotta 221
98. Pastel de hierbas 223
99. Burekas 226
100. Tarta de queso mediterráneo 229
CONCLUSIÓN 232

INTRODUCCIÓN

¡Bienvenido al cautivador reino del queso feta! En este libro de cocina, lo invitamos a embarcarse en una aventura culinaria donde los sabores picantes, cremosos y salados del queso feta ocupan un lugar central. Desde sencillas ensaladas y aperitivos hasta abundantes platos principales y deliciosos postres, el queso feta es un ingrediente versátil que añade un toque distintivo a cualquier plato.

El queso feta, con su rica historia y herencia mediterránea, ha capturado los corazones y paladares de los entusiastas de la comida de todo el mundo. Conocido por su textura quebradiza y su sabor único, el queso feta tiene el poder de transformar comidas ordinarias en banquetes extraordinarios. En este libro de cocina, celebramos el encanto y la versatilidad del queso feta y le presentamos una variedad de recetas que muestran su verdadero potencial.

En estas páginas, descubrirá un tesoro de recetas deliciosas que exploran el queso feta en todo su esplendor. Desde platos griegos clásicos como spanakopita y ensalada griega hasta creaciones innovadoras como hamburguesas rellenas de queso feta y postres con infusión de queso feta, hemos seleccionado una colección que se adapta a todos los gustos y ocasiones. Si es vegetariano, aficionado al queso o simplemente alguien que busca agregar una explosión de sabor a sus comidas, este libro de cocina tiene algo para usted. Pero este libro de cocina es más que una simple recopilación de recetas. También nos adentramos en el fascinante mundo del queso feta, compartiendo su historia, métodos de elaboración y consejos para seleccionar y conservar este querido queso. Lo guiaremos a través de los diferentes tipos de queso feta y lo ayudaremos a comprender cómo combinarlo con otros ingredientes para crear perfiles de sabor armoniosos. Con nuestras instrucciones paso a paso y consejos culinarios, te convertirás en un conocedor del queso feta en poco tiempo.

Entonces, ya sea que esté organizando una cena, buscando inspiración para una comida familiar o simplemente deseando probar el sabor del Mediterráneo, deje que EL ÚLTIMO LIBRO DE COCINA DE QUESO FETA sea su guía. Prepárese para explorar las diversas posibilidades culinarias del queso feta y lleve su cocina a nuevas alturas de sabor y emoción.

DESAYUNO

1. Tortitas de queso feta y aceitunas

INGREDIENTES:
- 1 taza de harina para todo uso
- 1 cucharada de azúcar
- 1 cucharadita de polvo para hornear
- ½ cucharadita de bicarbonato de sodio
- ¼ cucharadita de sal
- 1 taza de suero de leche
- 1 huevo grande
- 2 cucharadas de mantequilla derretida
- ½ taza de queso feta desmenuzado
- ¼ de taza de aceitunas negras picadas

INSTRUCCIONES:

a) En un tazón, mezcle la harina, el azúcar, el polvo para hornear, el bicarbonato de sodio y la sal.

b) En un recipiente aparte, mezcle el suero de leche, el huevo y la mantequilla derretida.

c) Vierta los ingredientes húmedos en los ingredientes secos y revuelva hasta que estén combinados.

d) Incorpora el queso feta desmenuzado y las aceitunas negras picadas.

e) Calienta una sartén o plancha antiadherente a fuego medio y engrasa ligeramente.

f) Vierta ¼ de taza de masa en la sartén para cada panqueque. Cocine hasta que se formen burbujas en la superficie, luego voltee y cocine por 1-2 minutos más.

g) Repita con la masa restante.

h) Sirva los panqueques con una pizca de queso feta desmenuzado y aceitunas picadas encima.

2.Shakshuka al horno de leña

INGREDIENTES:
- ½ taza de cebollas blancas picadas
- 3 dientes de ajo, cortados en cubitos
- 1 taza de tomates frescos y rojos cortados en cubitos
- 2 cucharadas de salsa de tomate
- 3 huevos
- Sal marina y pimienta negra.
- 1 cucharada de tu condimento favorito
- 1/2 taza de queso feta desmenuzado.
- Aceitunas negras
- Perejil
- 2 cucharadas de aceite de oliva

INSTRUCCIONES:
a) En una sartén de hierro fundido, calienta 2 cucharadas de aceite de oliva y agrega la cebolla y el ajo picados.
b) Cocine durante 5-6 minutos en horno de leña precalentado.
c) Agregue 2 cucharadas de salsa de tomate y tomates frescos. Sazone con sal, pimienta negra y otros condimentos.
d) Mezcle bien y regrese al horno por unos 5 minutos, o hasta que la mezcla de tomate espese y se atasque.
e) Con guantes resistentes al calor, retire con cuidado el hierro fundido del horno.
f) Haga un pequeño agujero en la sartén de hierro fundido y coloque con cuidado un huevo a la vez en distintas áreas.
g) Agregue el queso feta y las aceitunas desmenuzadas y espolvoree los huevos con una pizca de sal y pimienta.
h) Regrese el hierro fundido al horno de leña caliente por última vez para terminar de cocinar los huevos.

3. Waffles de espinacas y queso feta

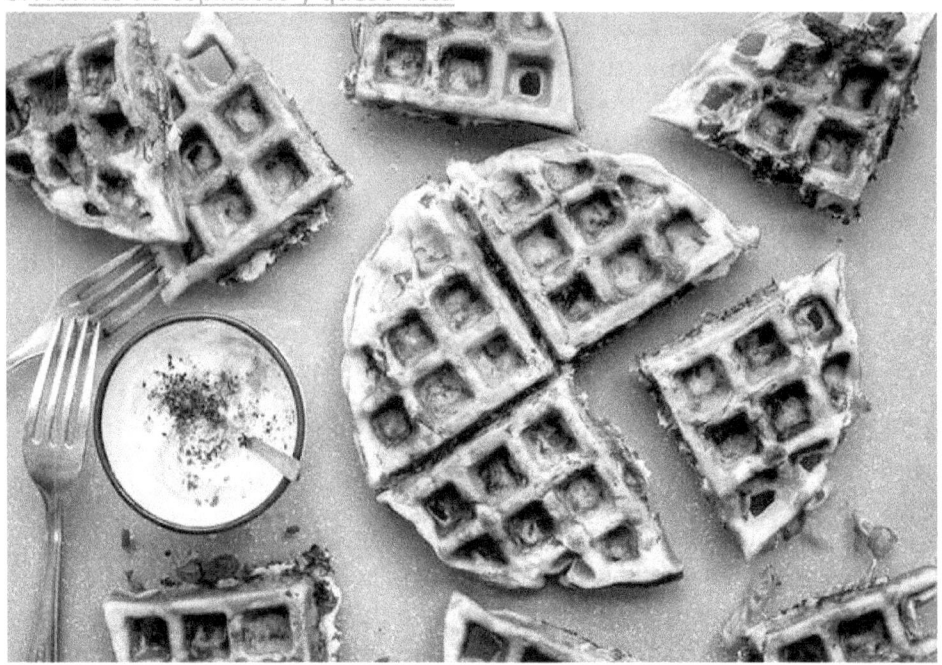

INGREDIENTES:
- 2 tazas de harina para todo uso
- 2 cucharadas de azúcar granulada
- 1 cucharada de polvo para hornear
- ½ cucharadita de sal
- 2 huevos grandes
- 1¾ tazas de leche
- ⅓ taza de mantequilla sin sal, derretida
- 1 taza de espinacas frescas, picadas
- ½ taza de queso feta desmenuzado
- ¼ cucharadita de ajo en polvo (opcional)
- Pimienta negra recién molida, al gusto

INSTRUCCIONES:
a) Precalienta tu plancha para gofres según las instrucciones del fabricante.
b) En un tazón grande, mezcle la harina, el azúcar, el polvo para hornear y la sal.
c) En un bol aparte batir los huevos. Agrega la leche y la mantequilla derretida. Batir hasta que esté bien combinado.
d) Vierta los ingredientes húmedos en los ingredientes secos y revuelva hasta que estén combinados. No haga sobre mezcla; unos cuantos grumos están bien.
e) Incorpora las espinacas picadas, el queso feta desmenuzado, el ajo en polvo (si lo usas) y la pimienta negra a la masa.
f) Engrase ligeramente la plancha para gofres con aceite en aerosol o úntela con mantequilla derretida.
g) Vierta la masa en la plancha para gofres precalentada, utilizando la cantidad recomendada según el tamaño de su plancha para gofres. Cierre la tapa y cocine hasta que los waffles estén dorados y crujientes.
h) Retire con cuidado los gofres de la plancha y transfiéralos a una rejilla para que se enfríen un poco.
i) Repite el proceso con la masa restante hasta que todos los waffles estén cocidos.

4.Tortilla de soufflé de queso feta y tomates secos

INGREDIENTES:
- 3 huevos de tamaño mediano; apartado
- 1 cucharada de agua
- 2 cucharaditas de pasta de tomate seco
- 25 gramos Mantequilla; (1 onza)
- ½ paquete de 200 g de queso feta; cortar en dados pequeños
- 3 tomates secos; picado en trozos grandes
- 4 aceitunas negras; cortar en cuartos
- 15 gramos de albahaca fresca; picado en trozos grandes
- Sal y pimienta negra recién molida

INSTRUCCIONES:

a) Mezclar las yemas de huevo y el agua. Batir las claras hasta que estén suaves y espumosas y combinar con las yemas. Agrega la pasta de tomate.

b) Calienta la mantequilla en una sartén, hasta que esté caliente. Vierta la mezcla de huevo y deje cocinar hasta que esté firme en el borde superior y suave en el medio.

c) Coloque el queso, los tomates secos, las aceitunas, la albahaca fresca y el condimento en la mitad de la tortilla y doble la otra mitad para formar una tapa.

d) Transfiera a un plato y sirva inmediatamente.

5. Tortilla De Camarones Y Espinacas

INGREDIENTES:
- 4 huevos grandes
- 1/2 taza de camarones cocidos, pelados y desvenados
- 1 taza de hojas de espinacas frescas
- 1/4 taza de queso feta desmenuzado
- Sal y pimienta para probar
- 1 cucharada de aceite de oliva

INSTRUCCIONES:

a) Batir los huevos en un bol y sazonar con sal y pimienta.
b) Calienta el aceite de oliva en una sartén a fuego medio.
c) Agregue las hojas de espinaca a la sartén y cocine hasta que se ablanden.
d) Agrega los camarones cocidos a la sartén y cocina por un minuto más.
e) Vierte los huevos batidos en la sartén, asegurándote de que cubran los camarones y las espinacas de manera uniforme.
f) Deje que la tortilla se cocine sin tocarla durante unos minutos hasta que comience a cuajar.
g) Levante suavemente los bordes de la tortilla con una espátula e incline la sartén para dejar que los huevos crudos fluyan hacia los bordes.
h) Espolvorea el queso feta desmenuzado sobre la mitad de la tortilla.
i) Continúe cocinando hasta que la tortilla esté cocida pero aún ligeramente líquida en el centro.
j) Doble con cuidado la tortilla por la mitad y transfiérala a un plato.
k) Servir caliente.

6.Wrap de tortilla mediterránea

INGREDIENTES:
- 3 huevos grandes
- 1/4 taza de tomates cortados en cubitos
- 1/4 taza de pepino cortado en cubitos
- 1/4 taza de queso feta desmenuzado
- 1 cucharada de perejil fresco picado
- Sal y pimienta para probar
- Aceite de oliva
- envoltura de tortilla

INSTRUCCIONES:
a) Rompe los huevos en un bol y bátelos hasta que estén bien batidos. Condimentar con sal y pimienta.
b) Calienta un chorrito de aceite de oliva en una sartén a fuego medio.
c) Añade los tomates y el pepino cortados en cubitos a la sartén y saltea hasta que se ablanden un poco.
d) Vierta los huevos batidos en la sartén y cocine, doblando suavemente y revolviendo hasta que cuajen.
e) Espolvoree el queso feta desmenuzado y el perejil fresco picado sobre la tortilla cocida.
f) Coloque la mezcla de tortilla en el centro de una tortilla.
g) Dobla los lados de la tortilla sobre la tortilla y enróllala bien.
h) Opcional: Caliente la envoltura en una sartén o presione hasta que esté tibia y ligeramente crujiente.
i) Corta la envoltura por la mitad, si lo deseas, y sirve.

7. Raviolis de espinacas, huevo y queso feta

INGREDIENTES:
- 1 paquete de envoltorios de ravioles
- 2 tazas de espinacas frescas, picadas
- ½ taza de queso feta desmenuzado
- 2 dientes de ajo, picados
- 1 cucharada de aceite de oliva
- Sal y pimienta para probar
- Huevos escalfados (opcional)

INSTRUCCIONES:
a) En una sartén, calienta el aceite de oliva a fuego medio. Agregue el ajo picado y saltee por un minuto hasta que esté fragante.
b) Agregue las espinacas picadas a la sartén y cocine hasta que se ablanden. Condimentar con sal y pimienta.
c) Retire la sartén del fuego y deje que la mezcla de espinacas se enfríe un poco. Agregue el queso feta desmenuzado.
d) Coloque una cucharada de la mezcla de espinacas y queso feta en una envoltura de ravioles. Dobla el envoltorio y presiona los bordes para sellar.
e) Repite el proceso con los envoltorios restantes y el relleno.
f) Cocine los ravioles según las instrucciones del paquete o hasta que floten hacia la superficie.
g) Sirva los ravioles de desayuno de espinacas y queso feta con huevos escalfados encima, si lo desea.

8. Revuelto de ravioles y espinacas

INGREDIENTES:
- 1 paquete de raviolis de queso o espinacas
- 6 huevos batidos
- 1 taza de hojas de espinacas frescas
- ¼ de taza de tomates cortados en cubitos
- ¼ de taza de queso feta desmenuzado
- Sal y pimienta para probar

INSTRUCCIONES:
a) Cocine los ravioles según las instrucciones del paquete. Escurrir y reservar.
b) En una sartén revuelve los huevos a fuego medio.
c) Agrega los ravioles cocidos, las hojas de espinacas frescas, los tomates cortados en cubitos y el queso feta desmenuzado a la sartén.
d) Condimentar con sal y pimienta.
e) Continúe cocinando y revolviendo hasta que las espinacas se ablanden y los ingredientes estén bien combinados.
f) Sirve el revuelto de ravioles y espinacas calientes.

9.Croissants De Espinacas Y Feta

INGREDIENTES:
- Masa básica para croissants
- 1 taza de espinacas frescas, picadas
- 1/2 taza de queso feta desmenuzado
- 1 huevo batido con 1 cucharada de agua

INSTRUCCIONES:
a) Extienda la masa de croissant hasta formar un rectángulo grande.
b) Corta la masa en triángulos.
c) Coloque las espinacas picadas y el queso feta desmenuzado en cada triángulo.
d) Enrolle cada triángulo, comenzando desde el extremo ancho, y forme una media luna.
e) Coloque los croissants en una bandeja para hornear forrada y déjelos reposar durante 1 hora.
f) Precalienta el horno a 200 °C (400 °F) y unta los croissants con huevo batido.
g) Hornea los croissants durante 20-25 minutos hasta que estén dorados y el queso se derrita.

10.Tortilla de menta y queso feta

INGREDIENTES:
- 2 huevos
- 1 cucharada de mantequilla
- 1 cucharada de queso feta desmenuzado
- 1 cucharada de hojas de menta fresca picadas
- Sal y pimienta para probar

INSTRUCCIONES:
a) En un tazón pequeño, mezcle los huevos, la sal y la pimienta.
b) Derrita la mantequilla en una sartén antiadherente a fuego medio.
c) Vierta la mezcla de huevo en la sartén y revuelva para cubrir el fondo.
d) Cocine durante 2-3 minutos o hasta que el fondo esté firme.
e) Espolvorea el queso feta y las hojas de menta sobre la mitad de la tortilla.
f) Usa una espátula para doblar la otra mitad de la tortilla sobre el relleno.
g) Cocine por otros 1-2 minutos o hasta que el queso se derrita y el huevo esté bien cocido.
h) ¡Sirve inmediatamente y disfruta!

11. Frittata de tomates secos y queso feta

INGREDIENTES:
- 6 huevos
- ¼ de taza de queso feta desmenuzado
- 2 cucharadas de tomates secos picados
- ¼ taza de perejil fresco picado
- Sal y pimienta para probar

INSTRUCCIONES:
a) Precalienta el horno a 375°F.
b) En un bol batir los huevos con sal, pimienta y perejil.
c) Agregue el queso feta y los tomates secados al sol.
d) Calienta una sartén apta para horno de 10 pulgadas a fuego medio.
e) Vierta la mezcla de huevo en la sartén y cocine por 5 minutos.
f) Transfiera la sartén al horno y hornee durante 10-15 minutos, hasta que la frittata esté lista.

12.Tazón de desayuno con tomates secos y queso feta

INGREDIENTES:
- 1 taza de quinua cocida
- 2 huevos
- ¼ de taza de queso feta desmenuzado
- 2 cucharadas de tomates secos picados
- Sal y pimienta para probar

INSTRUCCIONES:
a) En un bol batir los huevos con sal y pimienta.
b) Calienta una sartén antiadherente a fuego medio.
c) Vierte los huevos en la sartén y cocina hasta que estén revueltos.
d) En un recipiente aparte, mezcle la quinua, el queso feta y los tomates secados al sol.
e) Coloca los huevos revueltos encima de la mezcla de quinua.

13. Acharuli khachapuri

INGREDIENTES:
MASA
- 2 tazas / 250 g de harina para pan
- 1½ cucharadita de levadura seca activa de rápido crecimiento
- 1 huevo grande de gallinas camperas, batido
- ½ taza / 110 g de yogur griego
- ¼ de taza / 60 ml de agua tibia
- ½ cucharadita de sal

RELLENO
- 1½ oz / 40 g de queso halloumi, cortado en cubos de ¼ de pulgada / 0,5 cm
- 2 cucharadas / 20 g de queso feta desmenuzado
- ¼ de taza / 60 g de queso ricota
- ¼ de taza / 60 g de queso ricota
- ¼ cucharadita de pimienta negra triturada
- ⅛ cucharadita de sal, más un poco más para terminar
- ½ cucharada de tomillo picado y un poco más para espolvorear
- ½ cucharada de zaatar
- ralladura de ½ limón
- 6 huevos grandes de gallinas camperas
- aceite de oliva, para servir

INSTRUCCIONES:
a) Empieza con la masa. Tamiza la harina en un tazón grande y agrega la levadura. Mezclar ligeramente. Haz un hueco en el centro y vierte la mitad del huevo (guarda la otra mitad para untar los rollitos más tarde), el yogur y el agua tibia. Espolvorea sal alrededor del pozo.

b) Comience a revolver la mezcla, agregando una fracción más de agua si es necesario (no mucha; esta masa debe estar seca), hasta que todo forme una masa rugosa. Transfiera a una superficie de trabajo y amase a mano durante 10 minutos, hasta obtener una masa suave, elástica y no pegajosa. Regrese la masa al tazón, cúbrala con un paño de cocina y déjela reposar a temperatura ambiente hasta que duplique su tamaño, de 1 a 1½ horas.

c) Amasar nuevamente para eliminar el aire. Divida la masa en 6 porciones iguales y forme una bola con cada una. Colocar sobre una superficie ligeramente enharinada, cubrir con una toalla y dejar reposar durante 30 minutos.

d) Para preparar el relleno, combine todos los ingredientes excepto los huevos y el aceite de oliva y revuelva bien. Coloque una bandeja para hornear en el horno y precaliente a 425°F / 220°C.

e) Sobre una superficie bien enharinada, enrolle las bolas de masa formando círculos de 6½ pulgadas/16 cm de diámetro y aproximadamente ⅙ de pulgada/2 mm de espesor. Puedes hacerlo con un rodillo o estirándolo con las manos.

f) Vierta aproximadamente una sexta parte del relleno de queso en el centro de cada círculo y extiéndalo ligeramente hacia la izquierda y hacia la derecha para que casi llegue a los dos bordes del círculo. Toma los lados derecho e izquierdo entre tus dedos y pellizcalos mientras estiras un poco la masa para crear una masa alargada en forma de barco con el queso en el centro. Endereza las paredes laterales y trata de que tengan al menos 1¼ pulgadas / 3 cm de alto y ancho, para que quede suficiente espacio en el centro para contener el queso así como el huevo entero que se agregará más adelante. Pellizque nuevamente los extremos para que no se abran durante la cocción.

g) Cepille los panecillos con el medio huevo restante y colóquelos en una hoja de papel pergamino del tamaño de su bandeja para hornear. Espolvorea unas hojas de tomillo sobre los panecillos. Retire la bandeja para hornear del horno, coloque rápidamente el pergamino y los panecillos en la bandeja y vuelva a colocar la bandeja en el horno. Hornee por 15 minutos, hasta que los bordes tengan un color dorado.

h) Retire la bandeja para hornear del horno. Rompe un huevo en una taza pequeña. Sin romperla, levanta suavemente la yema con los dedos y colócala en el centro de uno de los panecillos. Vierta tanta clara de huevo como quepa, luego repita con los huevos y panecillos restantes. No te preocupes si se derrama un poco de clara de huevo; todo es parte del encanto rústico. Regrese el molde al horno y hornee por 5 minutos. Las claras deben estar cuajadas y las yemas deben permanecer líquidas. Deje enfriar durante 5 minutos antes de rociar con aceite de oliva, espolvorear con sal y servir.

14. Donuts De Espinacas Y Feta

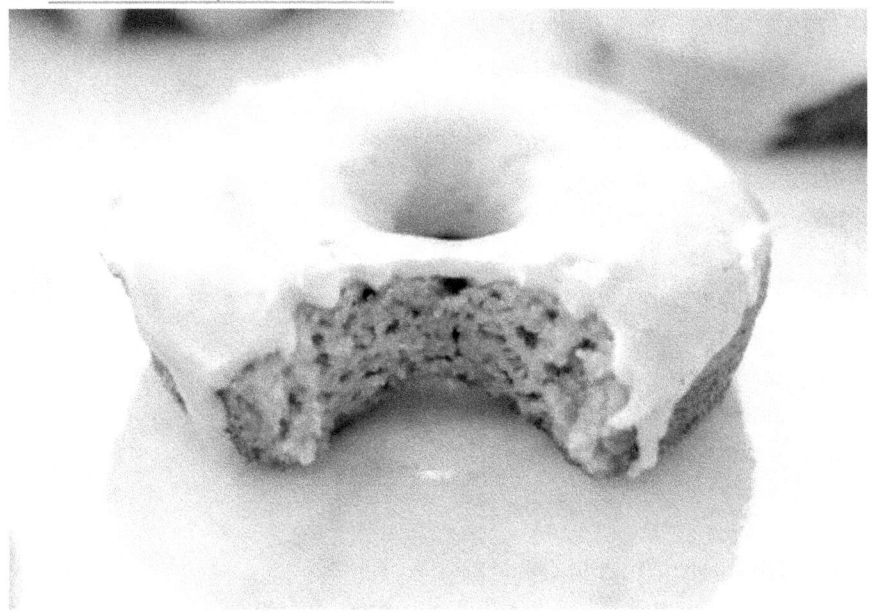

INGREDIENTES:
- 1 taza de harina para todo uso
- ½ taza de harina integral
- ½ taza de espinacas frescas picadas
- ½ taza de queso feta desmenuzado
- ⅓ taza de leche
- ⅓ taza de yogur griego natural
- ¼ taza de aceite de oliva
- 1 cucharadita de polvo para hornear
- ½ cucharadita de bicarbonato de sodio
- ¼ cucharadita de sal
- 2 dientes de ajo, picados
- ¼ cucharadita de pimienta negra

INSTRUCCIONES:

a) Precalienta el horno a 350°F (180°C).

b) En un tazón grande, mezcle las harinas, el polvo para hornear, el bicarbonato de sodio, la sal y la pimienta negra.

c) En otro bol, mezcle las espinacas picadas, el queso feta desmenuzado, la leche, el yogur griego, el aceite de oliva y el ajo picado.

d) Agregue los ingredientes húmedos a los ingredientes secos y mezcle hasta que estén combinados.

e) Vierta la masa en un molde para donas engrasado y hornee durante 12-15 minutos, o hasta que al insertar un palillo en el centro, éste salga limpio.

f) Deje enfriar en el molde durante 5 minutos antes de retirarlo a una rejilla para que se enfríe por completo.

15. Biscotti de orégano y queso feta

INGREDIENTES:
- 2 tazas de harina para todo uso
- 1 cucharadita de polvo para hornear
- 1/2 cucharadita de sal
- 1/2 taza de mantequilla sin sal, ablandada
- 1/2 taza de azúcar granulada
- 2 huevos grandes
- 1 cucharada de orégano fresco picado
- 1/2 taza de queso feta desmenuzado

INSTRUCCIONES:
a) Precalienta tu horno a 350°F (175°C). Forre una bandeja para hornear grande con papel pergamino.
b) En un tazón mediano, mezcle la harina, el polvo para hornear y la sal hasta que estén bien combinados.
c) En un tazón grande aparte, use una batidora eléctrica para batir la mantequilla y el azúcar hasta que esté suave y esponjoso, aproximadamente 2-3 minutos.
d) Batir los huevos, uno a la vez, seguidos del orégano picado y el queso feta desmenuzado.
e) Mezcle gradualmente los ingredientes secos, usando una espátula para combinar hasta que la masa se una.
f) Divida la masa en dos partes iguales y forme un tronco con cada una de aproximadamente 12 pulgadas de largo y 2 pulgadas de ancho.
g) Coloque los troncos en la bandeja para hornear preparada y hornee durante 25-30 minutos, o hasta que estén firmes al tacto.
h) Retire los leños del horno y déjelos enfriar en la bandeja para hornear durante 5 a 10 minutos.
i) Con un cuchillo de sierra, corte los troncos en rodajas de 1/2 pulgada de grosor y colóquelas nuevamente en la bandeja para hornear, con el lado cortado hacia abajo.
j) Regrese los biscotti al horno y hornee por 10 a 15 minutos más, o hasta que estén crujientes y secos.
k) Deje que los biscotti se enfríen completamente sobre una rejilla antes de servir.

16. Biscotti de espinacas y queso feta

INGREDIENTES:
- 2 tazas de harina para todo uso
- 1 cucharadita de polvo para hornear
- 1/2 cucharadita de sal
- 1/2 taza de mantequilla sin sal, ablandada
- 1/2 taza de azúcar granulada
- 2 huevos grandes
- 1/4 taza de espinacas picadas, exprimidas y secas
- 1/2 taza de queso feta desmenuzado

INSTRUCCIONES:

a) Precalienta tu horno a 350°F (175°C). Forre una bandeja para hornear grande con papel pergamino.

b) En un tazón mediano, mezcle la harina, el polvo para hornear y la sal hasta que estén bien combinados.

c) En un tazón grande aparte, use una batidora eléctrica para batir la mantequilla y el azúcar hasta que esté suave y esponjoso, aproximadamente 2-3 minutos.

d) Batir los huevos, uno a la vez, seguidos de las espinacas picadas y el queso feta desmenuzado.

e) Mezcle gradualmente los ingredientes secos, usando una espátula para combinar hasta que la masa se una.

f) Divida la masa en dos partes iguales y forme un tronco con cada una de aproximadamente 12 pulgadas de largo y 2 pulgadas de ancho.

g) Coloque los troncos en la bandeja para hornear preparada y hornee durante 25-30 minutos, o hasta que estén firmes al tacto.

h) Retire los leños del horno y déjelos enfriar en la bandeja para hornear durante 5 a 10 minutos.

i) Con un cuchillo de sierra, corte los troncos en rodajas de 1/2 pulgada de grosor y colóquelas nuevamente en la bandeja para hornear, con el lado cortado hacia abajo.

j) Regrese los biscotti al horno y hornee por 10 a 15 minutos más, o hasta que estén crujientes y secos.

k) Deje que los biscotti se enfríen completamente sobre una rejilla antes de servir.

17. Estratos de Huevo y Alcachofa

INGREDIENTES:
- 1 cucharada de aceite de oliva virgen extra
- 1 cebolla amarilla mediana, picada
- 8 onzas de espinacas picadas congeladas
- ½ taza de tomates secados al sol, escurridos y picados en trozos grandes
- Lata de 14 onzas de corazones de alcachofa, escurridos y cortados en cuartos
- 2 ½ tazas llenas de baguette en cubos
- Sal y pimienta negra al gusto
- ⅔ taza de queso feta, desmenuzado
- 8 huevos
- 1 taza de leche
- 1 taza de requesón
- 2 cucharadas de albahaca fresca picada
- 3 cucharadas de queso parmesano rallado

INSTRUCCIONES:

a) Precaliente el horno a 350 F.

b) Calienta el aceite de oliva en una sartén grande de hierro fundido a fuego medio. Agrega y saltea la cebolla durante 3 minutos o hasta que esté tierna.

c) Agregue las espinacas y cocine hasta que se descongelen y la mayor parte del líquido se haya evaporado. Apaga el fuego.

d) Agrega los tomates secados al sol, los corazones de alcachofa y la baguette hasta que estén bien distribuidos. Sazone con sal y pimienta negra y esparza queso feta encima; dejar de lado.

e) En un tazón mediano, bata los huevos, la leche, el requesón y la albahaca. Vierta la mezcla sobre la mezcla de espinacas y use una cuchara para golpear suavemente para que la mezcla de huevo se distribuya bien. Espolvorea queso parmesano encima.

f) Transfiera la sartén al horno y hornee durante 35 a 45 minutos o hasta que se doren por encima y los huevos cuajen.

g) Retire la sartén; corte los estratos en gajos y sirva calientes.

PAN

18. Tiropsomo

INGREDIENTES:
- 4 tazas de harina para todo uso
- 2 cucharaditas de levadura seca activa
- 1 cucharadita de azúcar
- 1 cucharadita de sal
- ¼ taza de aceite de oliva
- 1 taza de agua tibia
- 1 ½ tazas de queso feta desmenuzado
- ½ taza de perejil fresco picado
- ¼ de taza de eneldo fresco picado (opcional)
- ¼ de taza de cebollas verdes picadas (opcional)
- Huevo batido (1 huevo batido con 1 cucharada de agua)

INSTRUCCIONES:

a)   En un bol pequeño, disuelva el azúcar en el agua tibia. Espolvorea la levadura sobre el agua y déjala reposar durante unos 5 minutos o hasta que esté espumosa.

b)   En un tazón grande, combine la harina y la sal. Hacer un hueco en el centro y verter el aceite de oliva y la mezcla de levadura. Mezclar con una cuchara de madera o con las manos hasta que la masa empiece a unirse.

c)   Transfiera la masa a una superficie enharinada y amase durante unos 5-7 minutos, o hasta que la masa se vuelva suave y elástica.

d)   Coloque la masa en un recipiente engrasado, cúbrala con un paño de cocina limpio y déjala reposar en un lugar cálido durante aproximadamente 1 hora, o hasta que duplique su tamaño.

e)   Precalienta tu horno a 375°F (190°C). Engrasa y enharina una bandeja para hornear.

f)   Golpee la masa cocida y transfiérala a una superficie enharinada. Extiéndalo hasta formar un rectángulo de aproximadamente ½ pulgada de grosor.

g)   Espolvoree el queso feta desmenuzado, el perejil picado, el eneldo (si se usa) y las cebollas verdes (si se usan) uniformemente sobre la masa.

h)   Comenzando por un extremo largo, enrolle la masa firmemente hasta darle forma de tronco. Pellizca los bordes para sellar.

i)   Coloque la masa enrollada en la bandeja para hornear preparada y unte la parte superior con huevo batido.

j)   Hornee en el horno precalentado durante unos 30-35 minutos, o hasta que el pan esté dorado y suene hueco al golpearlo en el fondo.

k)   Retire el pan del horno y déjelo enfriar sobre una rejilla antes de cortarlo y servirlo.

l)   ¡Disfruta de tu pan griego feta casero (Tiropsomo)! Es delicioso solo o servido con tzatziki o ensaladas griegas.

19. Tiropita

INGREDIENTES:
- 3 tazas de harina para todo uso
- 1 taza de leche tibia
- 1 paquete (2 ¼ cucharaditas) de levadura seca activa
- 1 cucharadita de azúcar
- 1 cucharadita de sal
- 1 taza de queso feta desmenuzado
- ½ taza de queso Kefalotyri o parmesano rallado
- 2 cucharadas de aceite de oliva

INSTRUCCIONES:
a) Disuelva la levadura y el azúcar en la leche tibia y déjela reposar durante 5 minutos hasta que esté espumosa.
b) En un tazón grande, combine la harina y la sal. Haga un hueco en el centro y vierta la mezcla de levadura.
c) Incorpora poco a poco la harina al líquido, revolviendo hasta que se forme una masa.
d) Amasar la masa sobre una superficie ligeramente enharinada durante unos 5-7 minutos hasta que quede suave y elástica.
e) Coloca la masa en un recipiente engrasado, cúbrela con un paño de cocina limpio y déjala reposar en un lugar cálido durante aproximadamente 1 hora o hasta que doble su tamaño.
f) Precalienta el horno a 375°F (190°C).
g) Golpea la masa y divídela en dos porciones iguales.
h) Extienda una porción hasta formar un rectángulo y espolvoree la mitad del queso feta desmenuzado y el queso rallado encima.
i) Enrolle bien la masa, pellizcando los extremos para sellar el queso. Repetir con la otra porción de masa.
j) Coloque los dos panecillos en una bandeja para hornear forrada con papel pergamino, untelos con aceite de oliva y hornee durante 25-30 minutos o hasta que estén dorados. Déjelos enfriar antes de cortarlos.

20. Gözleme

INGREDIENTES:
PARA LA MASA:
- 3 tazas de harina para todo uso
- 1 cucharadita de sal
- 1 cucharada de aceite de oliva
- 1 taza de agua tibia

PARA EL RELLENO (ESPINacaS Y QUESO FETA):
- 2 tazas de espinacas frescas, lavadas y picadas
- 1 taza de queso feta desmenuzado
- 1 cebolla pequeña, finamente picada
- 2 cucharadas de aceite de oliva
- Sal y pimienta para probar

INSTRUCCIONES:
a)   En un tazón grande, combine la harina y la sal. Hacer un hueco en el centro y verter el aceite de oliva y el agua tibia. Mezclar con una cuchara de madera o con las manos hasta que se forme una masa suave y tersa.
b)   Transfiera la masa a una superficie enharinada y amase durante unos 5-7 minutos hasta que se vuelva elástica. Vuelve a colocar la masa en el bol, cúbrela con un paño húmedo y déjala reposar unos 30 minutos.
c)   Mientras tanto, prepara el relleno. Calienta el aceite de oliva en una sartén a fuego medio. Agrega la cebolla picada y sofríe hasta que se vuelva transparente.
d)   Agrega las espinacas picadas y cocina hasta que se ablanden. Retirar del fuego y dejar enfriar. Una vez enfriado, agregue el queso feta desmenuzado.
e)   Sazone con sal y pimienta al gusto.
f)   Dividir la masa reposada en porciones más pequeñas. Tome una porción a la vez y extiéndala hasta darle una forma delgada, redonda o rectangular, de aproximadamente ⅛ de pulgada de grosor.
g)   Coloque una cucharada del relleno sobre la mitad de la masa extendida, dejando un pequeño borde alrededor de los bordes.
h)   Dobla la otra mitad de la masa sobre el relleno, presionando firmemente los bordes para sellar.
i)   Calienta una sartén o plancha antiadherente grande a fuego medio. Coloque el gözleme relleno sobre la superficie caliente y cocine durante unos 2-3 minutos por cada lado, o hasta que el pan esté crujiente y dorado.
j)   Retire el gözleme cocido de la sartén y córtelo en trozos más pequeños o sírvalo entero. Repite el proceso con las porciones restantes de masa y el relleno.

21.Poğaça

INGREDIENTES:
PARA LA MASA:
- 3 tazas de harina para todo uso
- 1 cucharada de levadura instantánea
- 1 cucharada de azúcar
- 1 cucharadita de sal
- ½ taza de leche tibia
- ¼ de taza de agua tibia
- ¼ taza de aceite vegetal
- 1 huevo, ligeramente batido

PARA EL LLENADO:
- 1 taza de queso feta, desmenuzado (o cualquier otro queso de tu elección)
- ¼ taza de perejil fresco picado
- Opcional: aceitunas picadas, cebollas verdes en rodajas

PARA LA ADORNO:
- 1 huevo, ligeramente batido (para batir el huevo)
- Semillas de sésamo o semillas de nigella (opcional)

INSTRUCCIONES:
a) En un tazón grande, combine la harina, la levadura instantánea, el azúcar y la sal. Mezcle bien para distribuir uniformemente los ingredientes secos.
b) En un recipiente aparte, mezcle la leche tibia, el agua tibia, el aceite vegetal y el huevo batido.
c) Vierta los ingredientes húmedos sobre los secos y revuelva hasta que se forme una masa rugosa.
d) Transfiera la masa a una superficie limpia y enharinada y amase durante unos 5 a 7 minutos hasta que la masa se vuelva suave y elástica.
e) Vuelva a colocar la masa en el tazón, cúbrala con un paño húmedo y déjela reposar en un lugar cálido durante aproximadamente 1 hora o hasta que duplique su tamaño.
f) Precalienta tu horno a 375°F (190°C). Cubra una bandeja para hornear con papel pergamino.
g) Una vez que la masa haya subido, golpéala hacia abajo para liberar las burbujas de aire. Divide la masa en porciones del mismo tamaño, según el tamaño de poğaça que quieras hacer.

h) Toma una porción de masa y aplánala con las manos. Coloca una cucharada del relleno en el centro de la masa aplanada.
i) Dobla la masa sobre el relleno, pellizcando los bordes para sellarlo. Puedes darle a la poğaça varias formas, como triángulos, cuadrados o rollos.
j) Coloque la poğaça con forma en la bandeja para hornear preparada. Repite el proceso con las porciones restantes de masa, dejando algo de espacio entre cada poğaça.
k) Cepille la parte superior de la poğaça con el huevo batido y espolvoree semillas de sésamo o semillas de nigella encima si lo desea.
l) Hornea la poğaça en el horno precalentado durante unos 20-25 minutos, o hasta que se doren por encima.
m) Una vez horneadas, saca las poğaça del horno y déjalas enfriar un poco antes de servir.

22.dakos

INGREDIENTES:
- 4 bizcochos de cebada grandes (o sustituirlos por pan integral seco)
- 4 tomates maduros
- 200 g de queso feta
- 1 cebolla morada pequeña, en rodajas finas
- 1 pepino pequeño, cortado en cubitos
- Aceitunas Kalamata (opcional)
- Aceite de oliva virgen extra
- Orégano seco
- Sal y pimienta para probar

INSTRUCCIONES:

a) Comienza remojando los bizcochos de cebada en un recipiente con agua durante unos segundos hasta que se ablanden un poco. Deje escurrir el exceso de agua y déjelos a un lado.

b) Corta los tomates en trozos pequeños. Puedes quitar las semillas si prefieres menos líquido.

c) En un recipiente aparte, desmenuza el queso feta.

d) Tome cada bizcocho ablandado y rocíelo con una cantidad generosa de aceite de oliva virgen extra. Deje que los bizcochos absorban el aceite durante unos minutos.

e) Coloque los bizcochos remojados en platos para servir individuales o en una fuente. Coloque los tomates cortados en cubitos encima de cada bizcocho.

f) Espolvorea el queso feta desmenuzado sobre los tomates. Añade encima la cebolla morada en rodajas finas y el pepino cortado en cubitos.

g) Si lo deseas, decora con aceitunas Kalamata y espolvorea con orégano seco. Sazone con sal y pimienta al gusto.

h) Rocíe un poco más de aceite de oliva virgen extra sobre los dakos ensamblados para realzar los sabores.

i) Sirva inmediatamente y disfrútelo como comida ligera o aperitivo.

23.Eliopsomo

INGREDIENTES:
- 2 tazas de harina para todo uso
- 1 cucharadita de polvo para hornear
- ½ cucharadita de sal
- ½ taza de yogur griego
- ¼ taza de aceite de oliva
- 2 huevos
- 1 taza de aceitunas Kalamata sin hueso y picadas
- ½ taza de queso feta desmenuzado
- 1 cucharada de orégano seco
- ¼ taza de perejil fresco picado (opcional)

INSTRUCCIONES:
a) Precalienta tu horno a 350°F (175°C). Engrasa y enharina un molde para pan.
b) En un tazón grande, combine la harina para todo uso, el polvo para hornear y la sal. Mezclar bien.
c) En un recipiente aparte, mezcle el yogur griego, el aceite de oliva y los huevos hasta que estén bien combinados.
d) Vierta los ingredientes húmedos en los ingredientes secos y revuelva hasta que estén combinados. Tenga cuidado de no mezclar demasiado.
e) Agregue las aceitunas picadas, el queso feta desmenuzado, el orégano seco y el perejil fresco picado (si lo usa). Mezcle hasta que se distribuya uniformemente por toda la masa.
f) Transfiera la masa al molde para pan engrasado y enharinado, distribuyéndola uniformemente.
g) Hornee en el horno precalentado durante unos 40-45 minutos, o hasta que al insertar un palillo en el centro, éste salga limpio.
h) Una vez horneado, sacamos el pan del horno y dejamos enfriar en el molde unos minutos. Luego transfiéralo a una rejilla para que se enfríe por completo.
i) Corta y sirve el pan griego de oliva como delicioso aperitivo o acompañamiento de tu comida. Es excelente solo o acompañado de una ensalada griega.

PIZZA Y PIZZAS

24.Pizza de atún con caponata y prosciutto

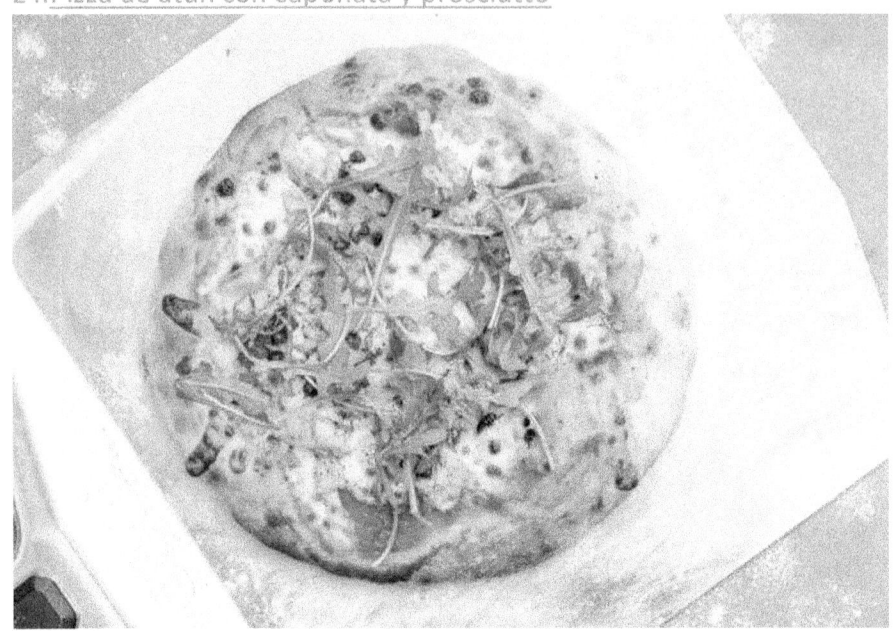

INGREDIENTES:
- 1 base de pan italiano de 12 pulgadas para pizza
- 1 cucharadita de aceite de oliva
- 1 lata (7 ½ onzas) de caponata
- 1 lata (6 onzas) de atún blanco; escurrido y en trozos
- 8 rebanadas (1 onza) de prosciutto
- 2 tomates pera; rebanado ¼, hasta 3
- 1 taza de queso feta desmenuzado
- 1 taza de queso mozzarella rallado
- Pimienta roja molida

INSTRUCCIONES:
a) Coloque la base del pan en una bandeja para hornear forrada con papel de aluminio; cepille hasta el borde con aceite.
b) Extienda la caponata hasta 1 pulgada del borde.
c) Cubra con atún, prosciutto, tomates, queso feta y queso mozzarella.
d) Hornee en un horno a 450 grados F durante 10 a 12 minutos o hasta que los quesos se derritan y la pizza esté completamente caliente.
e) Deje enfriar durante 1 minuto antes de cortar.
f) Sirva con pimiento rojo triturado, si lo desea.

25.Pizzetas de higos, cebolla y microverdes

INGREDIENTES:
MASA DE PAN PLANO
- 300 g de harina leudante Un poco más para espolvorear
- 2 pizcas de sal
- 300 g de yogur de coco
- 1 cucharadita de polvo para hornear
- 3 Cucharadas de aceite de oliva

CEBOLLAS CARAMELIZADAS
- 600 g de cebollas rojas en rodajas
- 1 cucharada de aceite de oliva
- ¼ cucharadita de sal
- 1 cucharada de vinagre balsámico
- 2 cucharaditas de jarabe de arce

ADORNOS
- 150 g de tomates cherry partidos por la mitad
- 8 higos rebanados
- 100 g de queso feta
- 150 g de microgreens de mezcla picante

INSTRUCCIONES:
CEBOLLAS CARAMELIZADAS
a) Calentar el aceite en una sartén y sofreír la cebolla durante 15 minutos.
b) Sazonar con sal.
c) Agrega el vinagre y el jarabe de arce; cocine por otros 5 minutos.

MASA DE PAN PLANO
d) Precalentar el horno a 180c
e) Combine todos los ingredientes secos de la masa en un tazón y luego agregue el yogur.
f) Espolvoree una superficie con harina y luego amase suavemente durante 8 minutos.
g) Reposar la masa durante 10 minutos.
h) Divida la masa en 8 bolas y luego extienda un trozo de masa formando un círculo.
i) Calienta 1 cucharadita de aceite de oliva y coloca la masa extendida en la sartén y cocina cada lado durante 2 minutos.

ADORNOS

j) Ponga cebollas caramelizadas sobre los panes planos y extiéndalos bien.

k) Cúbrelos con 50 g de queso feta desmenuzado sin lácteos, mitades de tomate cherry y rodajas de higos, luego hornéalos en el horno precalentado durante 7 minutos.

l) Saque el plato del horno, cúbralo con un manojo de microvegetales mixtos, desmenuce el queso feta restante y sazone con abundante pimienta recién molida.

m) ¡Disfrutar!

26.Pizza integral de brócoli asado con limón

INGREDIENTES:
- ½ libra de masa para pizza integral
- 8 onzas de mozzarella fresca
- 2 tazas de floretes de brócoli picados en trozos grandes
- ¼ de taza de queso feta desmenuzado
- Pesto de albahaca (¼ de taza)
- ¼ de taza de tomates secos picados
- ¼ de taza de aceitunas Kalamata picadas
- ralladura de ½ limón
- 1 cucharadita de hojuelas de pimiento rojo triturado
- ½ limón, en rodajas finas
- ½ taza de microgreens de mostaza picante

INSTRUCCIONES:
a)   Precalienta el horno a 425°F.
b)   Sobre una tabla ligeramente enharinada, extiende la masa hasta que quede muy fina. Coloque la masa en una bandeja para hornear forrada.
c)   Unte pesto sobre la masa.
d)   En un tazón grande, combine los tomates secados al sol, las aceitunas, la ralladura de limón, las hojuelas de pimiento rojo triturado y la mozzarella.
e)   Mezcle el brócoli con 1 cucharada de aceite de tomate secado al sol.
f)   Coloque el brócoli encima, junto con 3-4 rodajas de limón.
g)   Extienda el queso feta uniformemente por encima.
h)   Hornee durante 10 a 15 minutos o hasta que el queso se derrita y la corteza esté crujiente.
i)   Retire la pizza del horno y agregue microgreens encima.

27. Pizzeta mediterránea

INGREDIENTES:
MASA PARA PIZZETAS:
- 2 tazas de harina para todo uso
- 1 cucharadita de levadura instantánea
- 1 cucharadita de sal
- 1 cucharada de aceite de oliva
- 3/4 taza de agua tibia

ADORNOS:
- Salsa de tomate
- Queso feta, desmenuzado
- Aceitunas Kalamata, deshuesadas y partidas por la mitad
- Tomates cherry, partidos por la mitad
- Cebolla morada, en rodajas finas
- Hojas de albahaca fresca, rasgadas.

INSTRUCCIONES:
MASA PARA PIZZETAS:
a)   En un tazón, combine la harina para todo uso, la levadura instantánea y la sal.
b)   Agregue aceite de oliva y agua tibia a los ingredientes secos y mezcle hasta que se forme una masa.
c)   Transfiera la masa a una superficie enharinada y amase durante unos 5 minutos hasta que quede suave y elástica.
d)   Vuelva a colocar la masa en el bol, cúbrala con un paño de cocina limpio y déjela reposar durante 1 a 2 horas hasta que duplique su tamaño.
Montaje de pizzeta:
e)   Precalienta tu horno a 475°F (245°C).
f)   Divida la masa en porciones pequeñas y enrolle cada una hasta darle una forma redonda y fina.
g)   Coloque las rondas de masa enrolladas en una bandeja para hornear o piedra para pizza.
h)   Unte la salsa de tomate en cada pizzette.
i)   Espolvoree queso feta desmenuzado sobre la salsa.
j)   Agregue aceitunas kalamata, tomates cherry y cebolla morada encima.
k)   Hornee en el horno precalentado durante unos 8-10 minutos, hasta que la corteza esté dorada y el queso burbujee.
l)   Retirar del horno, espolvorear con hojas de albahaca fresca rasgadas y servir.

28.pizza griega

INGREDIENTES:
MASA PARA PIZZA:
- 2 1/2 tazas de harina para todo uso
- 2 1/4 cucharaditas de levadura instantánea
- 1 cucharadita de sal
- 1 cucharada de aceite de oliva
- 1 taza de agua tibia

ADORNOS:
- Salsa de tomate
- Queso feta, desmenuzado
- Pechuga de pollo asada, en rodajas
- Cebolla morada, en rodajas finas
- Aceitunas Kalamata, deshuesadas y partidas por la mitad
- hojas de espinacas frescas
- Orégano seco

INSTRUCCIONES:
MASA PARA PIZZA:
a) En un tazón, combine la harina para todo uso, la levadura instantánea y la sal.
b) Agregue aceite de oliva y agua tibia a los ingredientes secos y mezcle hasta que se forme una masa.
c) Transfiera la masa a una superficie enharinada y amase durante unos 5 minutos hasta que quede suave y elástica.
d) Vuelva a colocar la masa en el bol, cúbrala con un paño de cocina limpio y déjela reposar durante 1 a 2 horas hasta que duplique su tamaño.

MONTAJE DE PIZZA:
e) Precalienta tu horno a 475°F (245°C).
f) Extienda la masa de pizza sobre una superficie enharinada y transfiérala a una bandeja para hornear o piedra para pizza.
g) Unte la salsa de tomate uniformemente sobre la masa.
h) Espolvoree queso feta desmenuzado sobre la salsa.
i) Coloque encima la pechuga de pollo asada en rodajas, la cebolla morada, las aceitunas kalamata y las hojas frescas de espinaca.
j) Espolvorea con orégano seco.
k) Hornee en el horno precalentado durante unos 12-15 minutos, hasta que la corteza esté dorada y el queso burbujee y ligeramente dorado.
l) Cortar y servir.

29.Pizzeta de espinacas y queso feta

INGREDIENTES:
MASA PARA PIZZETAS:
- 2 tazas de harina para todo uso
- 1 cucharadita de levadura instantánea
- 1 cucharadita de sal
- 1 cucharada de aceite de oliva
- 3/4 taza de agua tibia

ADORNOS:
- Aceite de oliva con ajo
- Queso feta, desmenuzado
- Queso mozzarella, rallado
- hojas de espinacas frescas
- Tomates cherry, partidos por la mitad
- Hojuelas de chile rojo seco (opcional)

INSTRUCCIONES:
MASA PARA PIZZETAS:
a) En un tazón, combine la harina para todo uso, la levadura instantánea y la sal.
b) Agregue aceite de oliva y agua tibia a los ingredientes secos y mezcle hasta que se forme una masa.
c) Transfiera la masa a una superficie enharinada y amase durante unos 5 minutos hasta que quede suave y elástica.
d) Vuelva a colocar la masa en el bol, cúbrala con un paño de cocina limpio y déjela reposar durante 1 a 2 horas hasta que duplique su tamaño.

MONTAJE DE PIZZETA:
e) Precalienta tu horno a 475°F (245°C).
f) Divida la masa en porciones pequeñas y enrolle cada una hasta darle una forma redonda y fina.
g) Coloque las rondas de masa enrolladas en una bandeja para hornear o piedra para pizza.
h) Unte la masa con aceite de oliva con infusión de ajo.
i) Espolvoree uniformemente el queso feta desmenuzado y el queso mozzarella rallado sobre la masa.
j) Distribuya encima las hojas de espinacas frescas y las mitades de tomates cherry.
k) Si lo desea, espolvoree algunas hojuelas de chile rojo seco para darle un toque picante.
l) Hornee en el horno precalentado durante unos 8-10 minutos, hasta que la corteza esté dorada y el queso se derrita y se dore ligeramente.
m) Retirar del horno, cortar en rodajas y servir.

30.Pizza de verduras asadas y queso feta

INGREDIENTES:
MASA PARA PIZZA:
- 2 1/2 tazas de harina para todo uso
- 2 1/4 cucharaditas de levadura instantánea
- 1 cucharadita de sal
- 1 cucharada de aceite de oliva
- 1 taza de agua tibia

ADORNOS:
- Salsa de tomate
- Queso feta, desmenuzado
- Calabacín, en rodajas finas
- Calabaza amarilla, en rodajas finas
- Cebolla morada, en rodajas finas
- Pimiento rojo, en rodajas finas
- Hojas frescas de romero
- Aceite de oliva
- Sal y pimienta para probar

INSTRUCCIONES:
MASA PARA PIZZA:
a) En un tazón, combine la harina para todo uso, la levadura instantánea y la sal.
b) Agregue aceite de oliva y agua tibia a los ingredientes secos y mezcle hasta que se forme una masa.
c) Transfiera la masa a una superficie enharinada y amase durante unos 5 minutos hasta que quede suave y elástica.
d) Vuelva a colocar la masa en el bol, cúbrala con un paño de cocina limpio y déjela reposar durante 1 a 2 horas hasta que duplique su tamaño.

MONTAJE DE PIZZA:
e) Precalienta tu horno a 475°F (245°C).
f) Extienda la masa de pizza sobre una superficie enharinada y transfiérala a una bandeja para hornear o piedra para pizza.
g) Unte la salsa de tomate uniformemente sobre la masa.
h) Espolvoree queso feta desmenuzado sobre la salsa.
i) Coloque encima el calabacín en rodajas, la calabaza amarilla, la cebolla morada y el pimiento rojo.
j) Espolvorea con hojas frescas de romero y rocía un poco de aceite de oliva.
k) Sazone con sal y pimienta al gusto.
l) Hornee en el horno precalentado durante unos 12-15 minutos, hasta que la corteza esté dorada y las verduras tiernas.
m) Cortar y servir.

BOCADILLOS Y APERITIVOS

31. Canapés de espárragos y queso feta

INGREDIENTES:
- 20 rebanadas de pan blanco fino
- 4 onzas de queso azul
- 8 onzas de queso crema
- 1 huevo
- 20 Spears de espárragos enlatados escurridos
- ½ taza de mantequilla derretida

INSTRUCCIONES:
a) Quite la corteza del pan y aplánela con un rodillo.
b) Licue los quesos y los huevos hasta obtener una consistencia viable y extiéndalos uniformemente sobre cada rebanada de pan.
c) Colocar un lanza de espárragos en cada rodaja y enrollarlos.
d) Sumerja en mantequilla derretida para cubrir bien.
e) Colóquelo en una bandeja para hornear galletas y congélelo.
f) Cuando esté bien congelado, córtelo en trozos pequeños.
g) Colóquelo en una bandeja para hornear galletas y hornee a 400 F durante 20 min.

32. Bolas de oliva y queso feta

INGREDIENTES:
- 2 onzas (¼ de taza) de queso crema
- ¼ de taza (2 onzas) de queso feta
- 12 aceitunas kalamata grandes, sin hueso
- ⅛ cucharadita de tomillo fresco finamente picado
- ⅛ cucharadita de ralladura de limón fresco

INSTRUCCIONES:

a) En un procesador de alimentos pequeño, procese todos los ingredientes hasta que formen una masa gruesa, aproximadamente 30 segundos.

b) Raspe la mezcla y transfiérala a un tazón pequeño, luego refrigere por 2 horas.

c) Forma 6 bolitas con ayuda de una cuchara.

d) Sirva inmediatamente o refrigere por hasta 3 días.

33. Molinetes de espinacas y queso feta

INGREDIENTES:
- 2 tazas de mezcla Bisquick
- ⅔ taza de leche
- 1 taza de espinacas picadas
- ½ taza de queso feta desmenuzado
- ¼ taza de queso parmesano rallado
- ¼ de taza de cebolla picada
- 1 diente de ajo, picado
- Sal y pimienta para probar

INSTRUCCIONES:

a) Precalienta el horno a 220 °C (425 °F) y cubre una bandeja para hornear con papel pergamino.

b) En un tazón, combine la mezcla Bisquick y la leche para hacer la masa de molinete.

c) Extienda la masa hasta darle forma rectangular sobre una superficie enharinada.

d) En un recipiente aparte, mezcle las espinacas picadas, el queso feta desmenuzado, el queso parmesano rallado, la cebolla picada, el ajo picado, la sal y la pimienta.

e) Extienda la mezcla de espinacas y queso feta uniformemente sobre la masa extendida.

f) Enrolle la masa firmemente por un lado, creando una forma de tronco.

g) Corta el tronco en molinetes de 1 pulgada de grosor.

h) Coloque los molinetes en la bandeja para hornear preparada.

i) Hornee durante 10-12 minutos o hasta que los molinetes estén dorados.

j) Sirva los molinetes de espinacas y queso feta como sabrosos aperitivos.

34. Bruschetta de menta y queso feta

INGREDIENTES:
- 1 baguette, cortada en rodajas
- ½ taza de queso feta desmenuzado
- ¼ de taza de hojas de menta fresca picadas
- 1 cucharada de aceite de oliva
- 1 diente de ajo, partido por la mitad
- Sal y pimienta para probar

INSTRUCCIONES:
a) Precalienta el horno a 375°F.
b) Unte las rebanadas de baguette con aceite de oliva y sazone con sal y pimienta.
c) Tuesta las rebanadas de baguette en el horno hasta que estén ligeramente doradas, aproximadamente de 10 a 12 minutos.
d) Frote las mitades de los dientes de ajo sobre las rebanadas de baguette tostadas.
e) Cubra las rebanadas de baguette con queso feta desmenuzado y hojas de menta picadas.
f) Sirve la bruschetta tibia o a temperatura ambiente.
g) ¡Disfrutar!

35.Pimientos Rellenos De Menta Y Feta

INGREDIENTES:
- 4 pimientos morrones grandes
- 8 onzas de queso feta desmenuzado
- ¼ de taza de hojas de menta fresca picadas
- 2 cucharadas de aceite de oliva
- 1 diente de ajo, picado
- Sal y pimienta para probar

INSTRUCCIONES:

a) Precalienta el horno a 375°F.

b) Corta la parte superior de los pimientos morrones y retira las semillas y las membranas.

c) En un bol, mezcle el queso feta desmenuzado, las hojas de menta picadas, el aceite de oliva, el ajo, la sal y la pimienta hasta que estén bien combinados.

d) Rellena cada pimiento con la mezcla de queso feta.

e) Coloque los pimientos rellenos en una fuente para horno.

f) Hornee durante 30-35 minutos, o hasta que los pimientos estén tiernos y el relleno dorado.

g) Sirve los pimientos rellenos calientes.

36.Dip de tomates secos y queso feta

INGREDIENTES:
- 1 taza de tomates secados al sol (no envasados en aceite)
- 8 onzas de queso crema, ablandado
- 4 onzas de queso feta desmenuzado
- ¼ taza de crema agria
- ¼ taza de mayonesa
- ¼ taza de perejil fresco picado
- 2 dientes de ajo, picados
- ¼ cucharadita de sal
- ¼ cucharadita de pimienta negra

INSTRUCCIONES:

a) Coloca los tomates secados al sol en un recipiente con agua caliente y déjalos en remojo durante unos 10 minutos, hasta que se ablanden. Escurrir el agua y picar los tomates en trozos pequeños.

b) En un tazón mediano, combine el queso crema, el queso feta, la crema agria, la mayonesa, el perejil, el ajo, la sal y la pimienta negra. Mezclar hasta que esté bien mezclado.

c) Agregue los tomates secados al sol picados y mezcle bien.

d) Cubra el recipiente con film transparente y refrigere durante al menos 1 hora antes de servir.

e) Cuando esté listo para servir, revuelva la salsa nuevamente y transfiérala a un tazón para servir.

f) Sirva con galletas saladas, chips de pita o verduras en rodajas.

37. Buñuelos de arroz, berenjena y queso feta

INGREDIENTES:
- ⅔ taza de agua hirviendo
- ⅓ taza de mezcla de arroz salvaje
- Una pizca grande de sal
- ¾ taza de aceite de oliva
- 1 berenjena, cortada en trozos pequeños
- 1 diente de ajo, machacado
- ½ taza de yogur natural estilo griego
- 2 ½ cucharadas de orégano fresco picado
- 6 tomates secados al sol en aceite escurridos y picados
- 50 g de queso feta, cortado en cubitos
- ⅔ taza de harina común
- 3 huevos, ligeramente batidos
- Sal y pimienta negra molida

INSTRUCCIONES:

a) Coloca el agua, el arroz y la sal en una cacerola pequeña y lleva a ebullición a fuego medio. Reduzca el fuego a medio-bajo, cubra con una tapa hermética y cocine por 15 minutos. Transfiera el arroz cocido a un tazón mediano.

b) Mientras tanto, calienta 60 ml (¼ de taza) de aceite en una sartén grande a fuego medio. Agregue la berenjena y cocine, sin tapar, revolviendo con frecuencia, durante 20 minutos o hasta que esté suave. Agrega el ajo y cocina, revolviendo, durante 1 minuto. Retirar del fuego y dejar reposar durante 5 minutos para que se enfríe un poco. Transfiera la mezcla de berenjenas al tazón de un procesador de alimentos y procese hasta obtener un puré grueso.

c) Combine el yogur y 2 cucharaditas de orégano en un tazón pequeño. Cubrir y reservar.

d) Utilice un tenedor para separar los granos de arroz. Agregue la mezcla de berenjenas, el orégano restante, los tomates secados al sol, el queso feta, la harina, los huevos, la sal y la pimienta al arroz y mezcle suavemente hasta que estén combinados.

e) Calienta 2 cucharadas del aceite restante en una sartén antiadherente grande a fuego medio-alto. Deje caer aproximadamente 5 cucharadas de la mezcla por separado en la sartén y use el dorso de la cuchara para aplanar ligeramente cada una. Cocine por 2 minutos por cada lado o hasta que estén dorados.

f) Transfiera a un plato grande y cúbralo sin apretar con papel de aluminio para mantenerlo caliente.

g) Repita en tandas con el resto de la mezcla de aceite y arroz. Servir inmediatamente con el yogur de orégano.

38. Nachos De Pollo Griegos

INGREDIENTES:
- 2 tazas de pollo cocido desmenuzado
- 1 bolsa de chips de pita
- 1 taza de queso feta desmenuzado
- ½ taza de pepino cortado en cubitos
- ¼ de taza de cebolla morada picada
- ¼ de taza de aceitunas Kalamata picadas
- ¼ taza de perejil fresco picado
- ¼ de taza de salsa tzatziki para servir

INSTRUCCIONES:

a) Precalienta el horno a 375°F.

b) En una bandeja para hornear, extienda los chips de pita en una sola capa.

c) Espolvoree el queso feta desmenuzado sobre las patatas fritas y luego cubra con el pollo cocido desmenuzado.

d) Hornee durante 10 a 15 minutos o hasta que el queso se derrita y burbujee.

e) Cubra con pepino cortado en cubitos, cebolla morada picada, aceitunas Kalamata picadas y perejil fresco picado.

f) Sirva con salsa tzatziki a un lado.

39. Bruschetta de fruta del dragón

INGREDIENTES:
- 1 fruta del dragón
- ½ taza de tomate cortado en cubitos
- ¼ taza de albahaca picada
- ¼ de taza de queso feta desmenuzado
- 2 cucharadas de glaseado balsámico
- Rebanadas de baguette tostadas

INSTRUCCIONES:
a) Corta la fruta del dragón por la mitad y saca la pulpa.
b) En un tazón mediano, combine la pitahaya, el tomate, la albahaca y el queso feta.
c) Mezcla bien y deja reposar la bruschetta durante al menos 10 minutos para permitir que los sabores se mezclen.
d) Cubra cada rebanada de baguette con bruschetta de fruta del dragón y rocíe con glaseado balsámico.
e) Servir inmediatamente.

40.Bruschetta de aceituna

INGREDIENTES:
- 4 rebanadas de pan au levain, cortadas en 4 a 6 trozos por rebanada
- 2 dientes de ajo
- Aproximadamente 1 cucharada de aceite de oliva virgen extra
- 4 onzas de queso feta, en rodajas
- Ralladura de 1 limón
- 4 onzas de Jack, fontina o Asiago suave, en rodajas finas
- Aproximadamente 3 onzas de rúcula tierna

INSTRUCCIONES:

a) Precalienta el asador.

b) Tuesta ligeramente el pan debajo del asador. Retirar del fuego y frotar ambos lados con ajo.

c) Coloque la tostada untada con ajo en una bandeja para hornear y rocíe ligeramente con un poco de aceite de oliva, luego cubra con queso feta, espolvoree con la ralladura de limón, cubra con el queso Jack y agregue un último chorrito de aceite de oliva.

d) Ase hasta que el queso se derrita y burbujee ligeramente.

e) Sirva inmediatamente, cada pequeño sándwich de queso asado con la cara abierta cubierto con un pequeño puñado de hojas de rúcula.

41. Quiches de wonton de espinacas y queso feta

INGREDIENTES:
- 12 envoltorios de wonton
- 4 huevos
- 1/2 taza de leche
- 1/2 taza de queso feta desmenuzado
- 1 taza de hojas de espinacas frescas, picadas
- Sal y pimienta para probar

INSTRUCCIONES:
a) Precalienta el horno a 375°F.
b) Rocíe un molde para muffins con aceite en aerosol antiadherente.
c) Presione una envoltura de wonton en cada molde para muffins.
d) En un bol, bata los huevos y la leche.
e) Agregue el queso feta desmenuzado y las hojas de espinaca picadas.
f) Condimentar con sal y pimienta.
g) Vierta la mezcla de huevo en los vasos de wonton.
h) Hornee durante 15-20 minutos, hasta que las quiches estén cuajadas y doradas por encima.
i) Servir caliente oa temperatura ambiente.

42. Remolacha roja asada con queso feta y dukkah

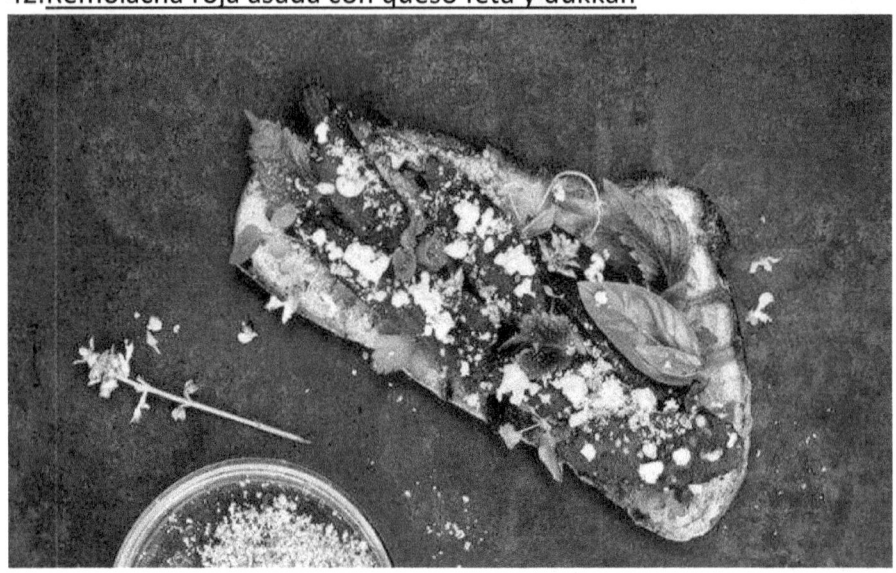

INGREDIENTES:
- 6 remolachas rojas pequeñas
- 6 rebanadas de pan de masa madre
- mantequilla sin sal
- 2 onzas. queso feta, preferiblemente elaborado con leche de cabra
- 6 cucharaditas de ducá
- Hierbas frescas mixtas, por ejemplo, orégano, perejil, shiso y albahaca.
- escamas de sal marina

INSTRUCCIONES:
a) Recoge las remolachas y colócalas en el lado de la parrilla sin carbón.
b) Cierra la tapa y hornea durante 1 hora a fuego indirecto, hasta que las remolachas estén tiernas al presionarlas ligeramente.
c) Pelar las remolachas.
d) Unte con mantequilla los trozos de pan, luego áselos rápidamente por un lado sin mantequilla, luego déles la vuelta y caliéntelos hasta que aparezcan rayas claras.
e) Corta las remolachas en rodajas y cubre con queso feta desmenuzado. Colocar en la parrilla durante 2 minutos para derretir el queso.
f) Coloque unas rodajas de remolacha con queso feta en cada rebanada de pan tostado, cubra con Dukkah, hierbas y hojuelas de sal marina y sirva.

WRAPS Y SÁNDWICHES

43. Pita, Pesto y Parmesano

INGREDIENTES:
- 1 tarrina (6 oz) de pesto de tomates secados al sol
- 3 cucharadas de aceite de oliva
- 6 panes pita integrales (6 pulgadas)
- pimienta negra molida al gusto
- 2 tomates roma (ciruela), picados
- 1 manojo de espinacas, lavadas y picadas
- 4 champiñones frescos, rebanados
- ½ taza de queso feta desmenuzado
- 2 cucharadas de queso parmesano rallado

INSTRUCCIONES:

a)   Configure su horno a 350 grados antes de hacer cualquier otra cosa.

b)   Cubra cada trozo de pita con un poco de pesto y luego cubra cada uno con: pimiento, tomates, aceite de oliva, espinacas, parmesano, champiñones y queso feta.

c)   Cuece el pan, durante 15 minutos, en el horno, y luego córtalos en triángulos antes de servir.

d)   Disfrutar.

44.Wrap de tomates secos y queso feta

INGREDIENTES:
- 1 envoltura de tortilla
- 2 cucharadas de queso feta desmenuzado
- 2 cucharadas de tomates secos picados
- ¼ taza de lechuga picada
- Sal y pimienta para probar

INSTRUCCIONES:
a) Unte queso feta desmenuzado sobre la tortilla.
b) Agregue los tomates secados al sol y la lechuga picada encima.
c) Condimentar con sal y pimienta.
d) Enrollar bien y cortar por la mitad.

45. Hamburguesas griegas de pavo

INGREDIENTES:
- 1 libra de pavo molido
- 1/2 taza de queso feta, desmenuzado
- 1/4 taza de perejil fresco, picado
- 2 dientes de ajo, picados
- 1 cucharadita de orégano seco
- 1/2 cucharadita de sal
- 1/4 cucharadita de pimienta negra
- Panes de hamburguesa
- Toppings de tu elección (lechuga, tomate, cebolla morada, etc.)

INSTRUCCIONES:
a) En un tazón, combine el pavo molido, el queso feta, el perejil, el ajo, el orégano, la sal y la pimienta negra. Mezclar bien.
b) Divide la mezcla en cuatro porciones iguales y dales forma de hamburguesas.
c) Precalienta una parrilla o sartén a fuego medio y cocina las hamburguesas durante unos 5 a 6 minutos por lado, o hasta que estén bien cocidas.
d) Tuesta los panes de hamburguesa si lo deseas.
e) Arma las hamburguesas colocando las hamburguesas cocidas sobre los panecillos y agregando tus ingredientes favoritos.
f) Sirve las hamburguesas de pavo griega.

46. Wrap vegetariano mediterráneo

INGREDIENTES:
- Envolturas de tortilla
- 1/2 taza de queso feta, desmenuzado
- 1/2 taza de pimientos rojos asados, rebanados
- 1/4 taza de aceitunas Kalamata en rodajas
- 1/4 taza de pepino cortado en cubitos
- 1/4 taza de tomates cortados en cubitos
- 2 cucharadas de albahaca fresca picada
- 2 cucharadas de aderezo griego

INSTRUCCIONES:
a) Coloque una envoltura de tortilla sobre una superficie limpia.
b) Espolvoree queso feta desmenuzado uniformemente sobre la envoltura.
c) Coloque encima pimientos rojos asados, aceitunas Kalamata, pepino cortado en cubitos, tomates cortados en cubitos y albahaca fresca picada.
d) Rocíe aderezo griego sobre el relleno.
e) Enrolle bien la envoltura y córtela en porciones si lo desea.
f) Sirve el wrap de verduras mediterráneas.

47. Sándwich de pollo a la parrilla y ensalada de queso feta

INGREDIENTES:
- 2 tazas de pechuga de pollo cocida y desmenuzada
- 1/2 taza de queso feta, desmenuzado
- 1/4 taza de yogur griego
- 1 cucharada de jugo de limón
- 2 cucharadas de eneldo fresco picado
- Sal y pimienta para probar
- Pan de molde de tu elección
- Hojas de lechuga
- Pepino y tomate en rodajas (opcional)

INSTRUCCIONES:

a) En un tazón, combine el pollo desmenuzado, el queso feta, el yogur griego, el jugo de limón, el eneldo picado, la sal y la pimienta. Mezclar bien.

b) Unte la mezcla de pollo y queso feta sobre rebanadas de pan.

c) Cubra con hojas de lechuga, pepino en rodajas y tomate, si lo desea.

d) Cierra los sándwiches con rebanadas de pan adicionales.

e) Corta los sándwiches por la mitad y sirve.

48.Hamburguesa Mediterránea De Champiñones Portobello

INGREDIENTES:
- 4 cabezas grandes de champiñones Portobello
- 1/4 taza de vinagre balsámico
- 2 cucharadas de aceite de oliva
- 4 onzas de queso feta, desmenuzado
- 1/4 taza de tomates secados al sol, picados
- 2 tazas de hojas tiernas de espinaca
- Panes de hamburguesa
- Ingredientes de tu elección (cebolla morada en rodajas, tomate, etc.)

INSTRUCCIONES:

a) En un plato poco profundo, mezcle el vinagre balsámico y el aceite de oliva.

b) Coloque las tapas de los champiñones Portobello en el plato y déjelas marinar durante 10 minutos, volteándolas una vez.

c) Precalienta una parrilla o sartén a fuego medio y cocina los champiñones durante unos 4-5 minutos por lado, o hasta que estén tiernos.

d) Durante el último minuto de cocción, espolvoree queso feta desmenuzado y tomates secados al sol picados sobre cada tapa de champiñones para que se derrita un poco.

e) Tuesta los panes de hamburguesa si lo deseas.

f) Arma las hamburguesas colocando los champiñones asados sobre los panecillos y agregando hojas tiernas de espinaca y tus aderezos favoritos.

g) Sirve las hamburguesas mediterráneas de champiñones Portobello.

49.Pita De Pollo Griega

INGREDIENTES:
- 2 pechugas de pollo deshuesadas y sin piel
- 1/4 taza de aceite de oliva
- 1 cucharada de jugo de limón
- 2 dientes de ajo, picados
- 1 cucharadita de orégano seco
- Sal y pimienta para probar
- 4 rondas de pan pita
- 1/2 taza de queso feta, desmenuzado
- 1/4 taza de aceitunas Kalamata en rodajas
- 1/4 taza de pepino cortado en cubitos
- 1/4 taza de tomates cortados en cubitos
- Salsa tzatziki

INSTRUCCIONES:

a) En un bol, combine el aceite de oliva, el jugo de limón, el ajo picado, el orégano seco, la sal y la pimienta.

b) Agrega las pechugas de pollo al bol y cúbrelas con la marinada. Déjalos marinar durante al menos 30 minutos.

c) Precalienta una parrilla o sartén a fuego medio y cocina las pechugas de pollo durante unos 6 a 7 minutos por lado, o hasta que estén bien cocidas. Déjalos reposar unos minutos antes de cortarlos.

d) Calienta las rondas de pan de pita en una tostadora o en la parrilla.

e) Corta las pechugas de pollo cocidas en tiras.

f) Abra las rondas de pan de pita y rellénelas con pollo en rodajas, queso feta desmenuzado, aceitunas Kalamata en rodajas, pepino cortado en cubitos, tomates cortados en cubitos y un chorrito de salsa tzatziki.

g) Sirve las pitas de pollo griegas.

50. Hamburguesa De Pavo Rellena De Feta Y Espinacas

INGREDIENTES:
- 1 libra de pavo molido
- 1/2 taza de queso feta, desmenuzado
- 1/2 taza de espinacas frescas picadas
- 1/4 taza de pan rallado
- 1 diente de ajo, picado
- 1 cucharadita de orégano seco
- Sal y pimienta para probar
- Panes de hamburguesa
- Toppings de tu elección (lechuga, tomate, cebolla morada, etc.)

INSTRUCCIONES:

a) En un tazón, combine el pavo molido, el queso feta, las espinacas picadas, el pan rallado, el ajo picado, el orégano seco, la sal y la pimienta. Mezclar bien.

b) Divide la mezcla en cuatro porciones iguales y dales forma de hamburguesas.

c) Precalienta una parrilla o sartén a fuego medio y cocina las hamburguesas durante unos 5 a 6 minutos por lado, o hasta que estén bien cocidas.

d) Tuesta los panes de hamburguesa si lo deseas.

e) Arma las hamburguesas colocando las hamburguesas cocidas sobre los panecillos y agregando tus ingredientes favoritos.

f) Sirva las hamburguesas de pavo rellenas de queso feta y espinacas.

51. Wrap de pollo caprese

INGREDIENTES:
- Envolturas de tortilla
- 1 taza de pechuga de pollo cocida y desmenuzada
- 1/2 taza de queso feta, desmenuzado
- 1/2 taza de tomates cherry, cortados por la mitad
- 1/4 taza de hojas de albahaca fresca, trituradas
- 2 cucharadas de glaseado balsámico
- Sal y pimienta para probar

INSTRUCCIONES:
a) Coloque una envoltura de tortilla sobre una superficie limpia.
b) Extienda la pechuga de pollo cocida y desmenuzada sobre el wrap.
c) Espolvorea queso feta desmenuzado uniformemente sobre el pollo.
d) Agregue las mitades de tomate cherry y las hojas de albahaca fresca picadas encima.
e) Rocíe glaseado balsámico sobre el relleno.
f) Sazone con sal y pimienta al gusto.
g) Enrolle bien la envoltura y córtela en porciones si lo desea.
h) Sirve el wrap de pollo Caprese.

52. Hamburguesa de champiñones Portobello rellena de queso feta y espinacas

INGREDIENTES:
- 4 cabezas grandes de champiñones Portobello
- 2 cucharadas de aceite de oliva
- 1 taza de hojas de espinacas frescas
- 1/2 taza de queso feta, desmenuzado
- 1/4 taza de aceitunas Kalamata en rodajas
- Sal y pimienta para probar
- Panes de hamburguesa
- Ingredientes de tu elección (cebolla morada en rodajas, tomate, etc.)

INSTRUCCIONES:

a) Precalienta una parrilla o sartén a fuego medio.

b) Unte las tapas de los champiñones Portobello con aceite de oliva y sazone con sal y pimienta.

c) Cocine las tapas de los champiñones durante unos 4-5 minutos por lado o hasta que estén tiernas.

d) Retira los champiñones del fuego y déjalos enfriar un poco.

e) Precalienta el horno a 350°F (175°C).

f) En un tazón, combine las hojas frescas de espinaca, el queso feta desmenuzado y las aceitunas Kalamata en rodajas.

g) Retire los tallos de las tapas de los champiñones y vierta la mezcla de espinacas y queso feta en las tapas.

h) Coloca los champiñones rellenos en una bandeja para hornear y hornea por unos 10 minutos, o hasta que el queso se derrita.

i) Tuesta los panes de hamburguesa si lo deseas.

j) Arma las hamburguesas colocando los champiñones rellenos sobre los panecillos y agregando tus toppings favoritos.

k) Sirva las hamburguesas de champiñones Portobello rellenas de queso feta y espinacas.

53. Wrap de ensalada griega de garbanzos

INGREDIENTES:
- Envolturas de tortilla
- 1 lata (15 oz) de garbanzos, enjuagados y escurridos
- 1/2 taza de queso feta, desmenuzado
- 1/4 taza de pepino cortado en cubitos
- 1/4 taza de tomates cortados en cubitos
- 1/4 taza de cebolla morada picada
- 2 cucharadas de perejil fresco picado
- 2 cucharadas de jugo de limón
- 2 cucharadas de aceite de oliva
- Sal y pimienta para probar

INSTRUCCIONES:

a) En un bol, combine los garbanzos, el queso feta, el pepino cortado en cubitos, los tomates cortados en cubitos, la cebolla morada cortada en cubitos, el perejil picado, el jugo de limón, el aceite de oliva, la sal y la pimienta. Mezclar bien.

b) Coloque una envoltura de tortilla sobre una superficie limpia.

c) Extienda una capa de ensalada de garbanzos sobre la envoltura.

d) Enrolle bien la envoltura y córtela en porciones si lo desea.

e) Sirve el wrap de ensalada griega de garbanzos.

54. Sándwich de pechuga de pollo relleno de queso feta y espinacas

INGREDIENTES:
- 2 pechugas de pollo deshuesadas y sin piel
- Sal y pimienta para probar
- 1/4 taza de queso feta, desmenuzado
- 1/4 taza de espinacas frescas picadas
- 1/4 taza de tomates secados al sol, picados
- 2 cucharadas de aceite de oliva
- 2 dientes de ajo, picados
- Panes de hamburguesa
- Toppings de tu elección (lechuga, tomate, cebolla morada, etc.)

INSTRUCCIONES:
a) Precalienta el horno a 375°F (190°C).
b) Corta cada pechuga de pollo horizontalmente para crear un bolsillo.
c) Sazona las pechugas de pollo con sal y pimienta.
d) En un bol, combine el queso feta, las espinacas picadas y los tomates secados al sol.
e) Rellene cada bolsillo de pechuga de pollo con la mezcla de queso feta y espinacas, luego asegúrelo con palillos.
f) En una sartén apta para horno, calienta el aceite de oliva a fuego medio-alto.
g) Agrega el ajo picado y saltea durante aproximadamente 1 minuto.
h) Coloque las pechugas de pollo rellenas en la sartén y cocine durante 2-3 minutos por cada lado, o hasta que se doren.
i) Transfiera la sartén al horno precalentado y hornee durante unos 15 a 20 minutos, o hasta que el pollo esté bien cocido.
j) Saca el pollo del horno y déjalo reposar unos minutos. Retire los palillos.
k) Tuesta los panes de hamburguesa si lo deseas.
l) Arma los sándwiches colocando las pechugas de pollo rellenas sobre los panecillos y agregando tus ingredientes favoritos.
m) Sirva los sándwiches de pechuga de pollo rellenos de queso feta y espinacas.

PLATO PRINCIPAL

55. Lasaña de cordero marroquí

INGREDIENTES:
- 9 fideos para lasaña
- 1 libra de cordero molido
- 1 cebolla, picada
- 3 dientes de ajo, picados
- 1 lata (14 onzas) de tomates cortados en cubitos
- 2 cucharadas de pasta de tomate
- 1 cucharadita de comino molido
- 1 cucharadita de cilantro molido
- ½ cucharadita de canela molida
- ½ cucharadita de sal
- ¼ cucharadita de pimienta negra
- 2 tazas de salsa bechamel (salsa blanca)
- 1 taza de queso feta desmenuzado
- ¼ de taza de menta fresca picada

INSTRUCCIONES:

a) Precalienta el horno a 375 °F (190 °C) y engrasa ligeramente una fuente para hornear de 9x13 pulgadas.

b) Cocine los fideos para lasaña según las instrucciones del paquete. Escurrir y reservar.

c) En una sartén grande, cocine el cordero molido, la cebolla picada y el ajo picado hasta que el cordero se dore y la cebolla se ablande. Drene el exceso de grasa.

d) Agregue los tomates cortados en cubitos, la pasta de tomate, el comino molido, el cilantro molido, la canela molida, la sal y la pimienta negra. Cocine a fuego lento durante 10 minutos.

e) En una cacerola aparte, prepara la salsa bechamel según las instrucciones del paquete o hazla desde cero.

f) Extienda una fina capa de salsa de carne en el fondo de la fuente para hornear. Coloque tres fideos de lasaña encima.

g) Unte una capa de salsa bechamel sobre los fideos, seguida de una capa de salsa de carne.

h) Repite las capas con tres fideos de lasaña, salsa bechamel y salsa de carne.

i) Cubra con los tres fideos de lasaña restantes y vierta el resto de la salsa bechamel por encima.

j) Espolvoree queso feta desmenuzado encima.

k) Cubre la fuente para hornear con papel aluminio y hornea por 25 minutos.

l) Retire el papel de aluminio y hornee por 10 minutos más hasta que el queso se derrita y burbujee.

m) Déjalo enfriar unos minutos antes de servir.

n) Adorne con menta fresca picada.

56. Lasaña griega de musaka

INGREDIENTES:
- 9 fideos para lasaña
- 1 libra de cordero molido
- 1 cebolla, picada
- 3 dientes de ajo, picados
- 1 lata (14 onzas) de tomates cortados en cubitos
- 2 cucharadas de pasta de tomate
- 1 cucharadita de orégano seco
- ½ cucharadita de canela molida
- ½ cucharadita de sal
- ¼ cucharadita de pimienta negra
- 2 tazas de salsa bechamel (salsa blanca)
- 1 taza de queso feta desmenuzado
- ¼ taza de perejil fresco picado

INSTRUCCIONES:
a) Precalienta el horno a 375 °F (190 °C) y engrasa ligeramente una fuente para hornear de 9x13 pulgadas.
b) Cocine los fideos para lasaña según las instrucciones del paquete. Escurrir y reservar.
c) En una sartén grande, cocine el cordero molido, la cebolla picada y el ajo picado hasta que el cordero se dore y la cebolla se ablande. Drene el exceso de grasa.
d) Agrega los tomates cortados en cubitos, la pasta de tomate, el orégano seco, la canela molida, la sal y la pimienta negra. Cocine a fuego lento durante 10 minutos.
e) En una cacerola aparte, prepara la salsa bechamel según las instrucciones del paquete o hazla desde cero.
f) Extienda una fina capa de salsa de carne en el fondo de la fuente para hornear. Coloque tres fideos de lasaña encima.
g) Unte una capa de salsa bechamel sobre los fideos, seguida de una capa de salsa de carne.
h) Repite las capas con tres fideos de lasaña, salsa bechamel y salsa de carne.
i) Cubra con los tres fideos de lasaña restantes y vierta el resto de la salsa bechamel por encima.
j) Espolvoree queso feta desmenuzado encima.
k) Cubre la fuente para hornear con papel aluminio y hornea por 25 minutos.
l) Retire el papel de aluminio y hornee por 10 minutos más hasta que el queso se derrita y burbujee.
m) Déjalo enfriar unos minutos antes de servir.
n) Adorne con perejil fresco picado.

57. Lasaña de cuatro quesos

INGREDIENTES:
- 9 fideos de lasaña, cocidos y escurridos
- 2 tazas de queso mozzarella rallado
- 1 taza de queso parmesano rallado
- 1 taza de queso ricota
- 1 taza de queso feta desmenuzado
- 2 tazas de salsa marinara
- Hojas de albahaca fresca para decorar (opcional)

INSTRUCCIONES:
a) Precalienta tu horno a 375°F (190°C).
b) En una fuente para horno engrasada, esparza una fina capa de salsa marinara en el fondo.
c) Coloque 3 fideos de lasaña encima de la salsa, superponiéndolos ligeramente.
d) Extienda una capa de queso ricotta sobre los fideos, seguido de una pizca de queso parmesano rallado, queso mozzarella rallado y queso feta desmenuzado.
e) Repita las capas, alternando entre fideos, salsa marinara, queso ricotta, queso parmesano, queso mozzarella y queso feta. Termine con una capa de salsa marinara y una pizca generosa de queso mozzarella rallado encima.
f) Cubre la fuente para hornear con papel aluminio y hornea en el horno precalentado durante 25 minutos. Luego, retira el papel de aluminio y hornea durante 10 a 15 minutos más hasta que el queso esté dorado y burbujeante.
g) Una vez horneada, saca la lasaña del horno y déjala reposar unos minutos antes de servir.
h) Adorne con hojas de albahaca fresca, si lo desea.

58. Lasaña de queso feta y aceitunas

INGREDIENTES:
- 9 fideos de lasaña, cocidos y escurridos
- 2 tazas de queso feta desmenuzado
- 1 taza de queso mozzarella rallado
- 1 taza de queso parmesano rallado
- 1 taza de aceitunas Kalamata en rodajas
- 1 taza de tomates secados al sol picados
- 2 tazas de salsa marinara
- Hojas de perejil fresco para decorar (opcional)

INSTRUCCIONES:
a) Precalienta tu horno a 375°F (190°C).
b) En una fuente para horno engrasada, esparza una fina capa de salsa marinara en el fondo.
c) Coloque 3 fideos de lasaña encima de la salsa, superponiéndolos ligeramente.
d) Espolvoree una capa de queso feta desmenuzado, queso mozzarella rallado y queso parmesano rallado sobre los fideos.
e) Agregue una capa de aceitunas Kalamata en rodajas y tomates secados al sol picados encima del queso.
f) Repita las capas, alternando entre fideos, salsa marinara, queso feta, queso mozzarella, queso parmesano, aceitunas Kalamata y tomates secados al sol. Termine con una capa de salsa marinara y una pizca generosa de queso mozzarella rallado encima.
g) Cubre la fuente para hornear con papel aluminio y hornea en el horno precalentado durante 25 minutos. Luego, retira el papel de aluminio y hornea durante 10 a 15 minutos más hasta que el queso esté dorado y burbujeante.
h) Una vez horneada, saca la lasaña del horno y déjala reposar unos minutos antes de servir.
i) Adorne con hojas de perejil fresco, si lo desea.

59.Mejillones Puttanesca Con Albahaca

INGREDIENTES:
- ½ taza de albahaca
- ½ taza de perejil italiano
- ½ taza de nueces
- ¼ taza de aceite de oliva
- 2 dientes de ajo picados
- 2 cucharadas de jugo de limón
- ½ cucharadita de sal
- 8 oz. pasta de cabello de ángel
- 2 pimientos rojos dulces picados
- 1 tomate picado
- 1/8 taza de tomate seco envasado en aceite
- 2 cucharadas de queso feta desmenuzado
- 1/8 taza de aceituna picada, de tu elección
- 1 cucharadita de alcaparras
- 3 2/3 onzas mejillones ahumados
- pimienta

INSTRUCCIONES:
a) Para el pesto en un procesador de alimentos, agregue nueces, hierbas frescas, ajo, jugo de limón, aceite de oliva y sal y presione hasta que quede suave.
b) Prepara la pasta según las instrucciones del paquete.
c) En un plato grande para servir, coloque el pesto, la pasta y los ingredientes restantes y revuelva para cubrir bien.

60. Pollo Relleno De Espinacas Y Tomates Secos

INGREDIENTES:
- 4 pechugas de pollo deshuesadas y sin piel
- ½ taza de tomates secos picados
- ½ taza de espinacas picadas
- ¼ de taza de queso feta desmenuzado
- 1 diente de ajo, picado
- Sal y pimienta para probar

INSTRUCCIONES:

a) Precalienta el horno a 375°F.

b) En un bol, mezcle los tomates secados al sol, las espinacas, el queso feta, el ajo, la sal y la pimienta.

c) Haga un bolsillo en las pechugas de pollo haciendo un corte en la parte más gruesa de la pechuga.

d) Rellena las pechugas de pollo con la mezcla de tomates secados al sol.

e) Asegúrelo con palillos de dientes o hilo de cocina.

f) Coloque las pechugas de pollo rellenas en una fuente para horno.

g) Hornee durante 25-30 minutos o hasta que el pollo esté bien cocido.

h) Déjalo reposar unos minutos antes de cortarlo y servirlo.

61. Tomate Secado Al Sol Y Feta Portobellos

INGREDIENTES:
- 4 champiñones portobello grandes
- ½ taza de queso feta desmenuzado
- ¼ de taza de tomates secos picados
- ¼ taza de perejil fresco picado
- 1 diente de ajo, picado
- ¼ taza de pan rallado
- Sal y pimienta para probar

INSTRUCCIONES:
a) Precalienta el horno a 375°F.
b) Limpiar los champiñones Portobello y quitarles los tallos.
c) En un tazón, mezcle el queso feta desmenuzado, los tomates secados al sol picados, el perejil fresco picado, el ajo picado, el pan rallado, la sal y la pimienta.
d) Rellena cada champiñón con la mezcla.
e) Coloque los champiñones rellenos en una bandeja para hornear.
f) Hornea durante 20-25 minutos o hasta que los champiñones estén tiernos y el queso derretido.
g) Servir caliente.

62. Pan de atún con tomates secos y queso feta

INGREDIENTES:
- 3 huevos
- 1 lata grande de atún de 400 gr (280 gr escurridos)
- 200 gramos de harina
- 1 paquete de levadura en polvo 11 gr
- 50 mililitros de aceite de oliva
- 100 ml de leche o leche vegetal
- 125 gramos de queso feta
- 75 gramos de tomates secados al sol

INSTRUCCIONES:

a) Precalienta el horno a 180°C / 350°F
b) En un bol, bata los huevos como lo haría con una tortilla.
c) Agregue la harina y el polvo para hornear y combine.
d) Luego el aceite de oliva y la leche, combinar nuevamente hasta obtener una masa suave.
e) Escurre el atún, desmenúzalo y añádelo a la preparación. Combinar.
f) Escurrir los tomates secados al sol y cortarlos en trozos. Agréguelos a la preparación con cubitos de queso feta.
g) Engrasar un molde para pan con aceite o mantequilla, espolvorear un poco de harina (o utilizar un molde de silicona, no es necesario engrasar).
h) Vierta la masa y cocine durante unos 45 minutos a 180 °C / 350 °F. Cuando la punta de un cuchillo salga seca, el pan estará horneado.

SOPAS

63. Sopa De Tomate Y Feta

INGREDIENTES:
- 2 cucharadas de aceite de oliva
- 1 cebolla, picada
- 2 dientes de ajo, picados
- 1 lata (28 oz) de tomates triturados
- 4 tazas de caldo de verduras
- 1 cucharadita de albahaca seca
- 1 cucharadita de orégano seco
- Sal y pimienta para probar
- 1/2 taza de queso feta desmenuzado
- Hojas de albahaca fresca para decorar.

INSTRUCCIONES:

a) Calienta el aceite de oliva en una olla grande a fuego medio.

b) Agrega la cebolla picada y el ajo picado y sofríe hasta que la cebolla esté suave y traslúcida.

c) Agrega los tomates triturados, el caldo de verduras, la albahaca seca, el orégano seco, la sal y la pimienta. Revuelve para combinar.

d) Lleve la sopa a fuego lento y déjela cocinar durante unos 15 a 20 minutos para permitir que los sabores se mezclen.

e) Use una licuadora de inmersión o transfiera la sopa a una licuadora y mezcle hasta que quede suave.

f) Regrese la sopa a la olla y agregue el queso feta desmenuzado hasta que se derrita y se combine.

g) Pruebe y ajuste la sazón si es necesario.

h) Sirva la sopa de tomate y queso feta caliente, adornada con hojas frescas de albahaca.

64.Sopa de brócoli microverde con queso feta

INGREDIENTES:
- 1 cebolla amarilla, cortada en gajos
- 1 taza de frijoles blancos, cocidos o enlatados
- 4 tazas de caldo de verduras
- 4 dientes de ajo enteros, pelados
- 3 cucharadas de semillas de girasol tostadas sin sal
- 1 cucharada de aceite de semilla de uva
- ¼ cucharaditas de sal
- 3 onzas de queso feta, picado
- Jugo de ½ limón
- ½ cucharaditas de chile en polvo
- 2 tazas de microgreens de brócoli
- 1 cabeza de brócoli, cortada en floretes
- 2 Cucharadas de aceite de oliva virgen extra

INSTRUCCIONES:
a) Precalienta el horno a 425°F.
b) Combine el brócoli, la cebolla y el ajo en una fuente para mezclar con el aceite y la sal.
c) Coloca el brócoli en una bandeja para hornear y extiéndelo.
d) Ase durante 25 minutos, revolviendo periódicamente.
e) En una licuadora, mezcle el caldo, las verduras asadas, las microverduras, el queso feta, los frijoles, el jugo de limón y el chile en polvo hasta que quede completamente suave.
f) Calienta la sopa en una olla.
g) Sirva adornado con más microvegetales, queso feta, semillas de girasol y un chorrito de aceite.

65. Sopa de macarrones con queso y espinacas y queso feta

INGREDIENTES:
- 2 tazas de macarrones cocidos
- 3 tazas de caldo de verduras
- 1 taza de leche
- 2 tazas de hojas de espinacas frescas
- ½ taza de queso feta desmenuzado
- ¼ de taza de cebolla picada
- 2 cucharadas de mantequilla
- 2 cucharadas de harina para todo uso
- Sal y pimienta para probar

INSTRUCCIONES:

a) En una olla grande, derrita la mantequilla a fuego medio.

b) Agrega las cebollas picadas a la olla y saltea hasta que se vuelvan traslúcidas.

c) Espolvorea la harina sobre las cebollas y revuelve bien para combinar.

d) Vierta poco a poco el caldo de verduras mientras revuelve constantemente.

e) Agregue las hojas frescas de espinaca a la olla y lleve la sopa a fuego lento.

f) Cocine hasta que las espinacas se ablanden y estén tiernas, aproximadamente 2-3 minutos.

g) Agrega los macarrones cocidos y la leche a la olla y revuelve.

h) Agregue el queso feta desmenuzado hasta que se derrita y quede suave.

i) Sazone con sal y pimienta al gusto.

j) Cocine a fuego lento durante unos minutos más para permitir que los sabores se mezclen.

k) Sirva caliente la sopa de macarrones con queso y espinacas y queso feta.

66. Sopa De Espinacas Y Feta

INGREDIENTES:
- 2 cucharadas de aceite de oliva
- 1 cebolla, picada
- 2 dientes de ajo, picados
- 4 tazas de caldo de verduras
- 1 manojo de espinacas frescas, sin tallos y hojas picadas
- 1/2 taza de queso feta desmenuzado
- Sal y pimienta para probar

INSTRUCCIONES:

a) Calienta el aceite de oliva en una olla grande a fuego medio.

b) Agrega la cebolla picada y el ajo picado y sofríe hasta que la cebolla esté suave y traslúcida.

c) Vierta el caldo de verduras y déjelo hervir.

d) Agregue las hojas de espinaca picadas y cocine a fuego lento durante unos 5 minutos, hasta que se ablanden.

e) Use una licuadora de inmersión o transfiera la sopa a una licuadora y mezcle hasta que quede suave.

f) Regrese la sopa a la olla y agregue el queso feta desmenuzado hasta que se derrita y se combine.

g) Sazone con sal y pimienta al gusto.

h) Sirva caliente la sopa de espinacas y queso feta.

67. Sopa de pimiento rojo asado y queso feta

INGREDIENTES:
- 2 pimientos rojos
- 2 cucharadas de aceite de oliva
- 1 cebolla, picada
- 2 dientes de ajo, picados
- 4 tazas de caldo de verduras
- 1/2 taza de queso feta desmenuzado
- Sal y pimienta para probar
- Hojas de albahaca fresca para decorar.

INSTRUCCIONES:
a) Precalienta la parrilla en tu horno.
b) Coloque los pimientos rojos en una bandeja para hornear y áselos, volteándolos ocasionalmente, hasta que la piel esté ennegrecida y con ampollas.
c) Retira los pimientos del horno y transfiérelos a un bol. Cubre el recipiente con film transparente y deja que los pimientos se cocinen al vapor durante unos 10 minutos.
d) Quitar la piel de los pimientos asados, quitarles las semillas y picar la pulpa en trozos más pequeños.
e) Calienta el aceite de oliva en una olla grande a fuego medio.
f) Agrega la cebolla picada y el ajo picado y sofríe hasta que la cebolla esté suave y traslúcida.
g) Agrega los pimientos rojos asados picados y el caldo de verduras a la olla. Déjalo hervir.
h) Reduzca el fuego y deje que la sopa hierva a fuego lento durante unos 15-20 minutos.
i) Use una licuadora de inmersión o transfiera la sopa a una licuadora y mezcle hasta que quede suave.
j) Regrese la sopa a la olla y agregue el queso feta desmenuzado hasta que se derrita y se combine.
k) Sazone con sal y pimienta al gusto.
l) Sirva caliente la sopa de pimiento rojo asado y queso feta, adornada con hojas de albahaca fresca.

68. Sopa de lentejas y queso feta

INGREDIENTES:
- 1 cucharada de aceite de oliva
- 1 cebolla, picada
- 2 dientes de ajo, picados
- 1 zanahoria, cortada en cubitos
- 1 tallo de apio, cortado en cubitos
- 1 taza de lentejas secas, enjuagadas
- 4 tazas de caldo de verduras
- 1 hoja de laurel
- 1 cucharadita de tomillo seco
- Sal y pimienta para probar
- 1/2 taza de queso feta desmenuzado
- Perejil fresco para decorar

INSTRUCCIONES:

a) Calienta el aceite de oliva en una olla grande a fuego medio.

b) Agrega la cebolla picada, el ajo picado, la zanahoria picada y el apio picado. Saltee hasta que las verduras se ablanden.

c) Agrega las lentejas secas, el caldo de verduras, la hoja de laurel, el tomillo seco, la sal y la pimienta a la olla. Revuelve para combinar.

d) Lleva la sopa a ebullición, luego reduce el fuego y déjala hervir a fuego lento durante unos 30-40 minutos, o hasta que las lentejas estén tiernas.

e) Retire la hoja de laurel de la sopa.

f) Use una licuadora de inmersión o transfiera una porción de la sopa a una licuadora y mezcle hasta que quede suave.

g) Regrese la sopa licuada a la olla y agregue el queso feta desmenuzado hasta que se derrita y se combine.

h) Pruebe y ajuste la sazón si es necesario.

i) Sirva la sopa de lentejas y queso feta caliente, adornada con perejil fresco.

ENSALADAS

69. Ensalada De Tomate Con Pan Asado

INGREDIENTES:
- 3 libras. tomates, cortados en trozos
- 1 pepino, pelado y rebanado
- Envase de 4 onzas de queso feta desmenuzado
- ¼ de taza de vinagre balsámico
- ¼ cucharadita de sal
- ¼ cucharadita de pimienta
- 8 rebanadas gruesas de pan italiano crujiente, en cubos
- 2 tazas de sandía, cortada en cubos de ½ pulgada
- 1 cebolla morada, cortada en rodajas muy finas y separada en aros
- Lata de 3.8 onzas de aceitunas negras en rodajas, escurridas
- ¼ de taza más ½ cucharaditas de aceite de oliva
- ½ taza de albahaca fresca, triturada

INSTRUCCIONES:
a) Combine los tomates, el pepino, el queso, el vinagre, la sal y la pimienta en un tazón grande para servir.
b) Mezcle para mezclar; cubra y enfríe durante una hora. Coloque los cubos de pan en una bandeja para hornear sin engrasar.
c) Hornee a 350 grados durante 5 minutos o hasta que estén ligeramente dorados.
d) Al momento de servir, agrega los cubitos de pan y el resto de los ingredientes a la mezcla de tomate. Mezclar muy ligeramente y servir.

70.Ensalada Mediterránea De ñoquis

INGREDIENTES:
- 1 libra de ñoquis de papa
- 1 taza de pepino, cortado en cubitos
- 1 taza de tomates cherry, cortados por la mitad
- ½ taza de aceitunas Kalamata, deshuesadas y partidas por la mitad
- ¼ de taza de cebolla morada, en rodajas finas
- Queso feta, desmenuzado
- Perejil fresco, picado
- Aderezo de vinagreta de limón

INSTRUCCIONES:

a) Cocine los ñoquis según las instrucciones del paquete, luego escurra y reserve.

b) En un tazón grande, combine los ñoquis cocidos, el pepino, los tomates cherry, las aceitunas Kalamata, la cebolla morada, el queso feta desmenuzado y el perejil picado.

c) Rocíe con el aderezo de vinagreta de limón y revuelva suavemente para combinar.

d) Ajuste el condimento si es necesario.

e) Sirva la ensalada mediterránea de ñoquis como una opción vibrante y sabrosa.

71. Ensalada de ñoquis de espinacas y queso feta

INGREDIENTES:
- 1 libra de ñoquis de papa
- hojas de espinacas frescas
- Queso feta, desmenuzado
- Tomates cherry, partidos por la mitad
- Cebolla morada, en rodajas finas
- Piñones tostados
- Aderezo de vinagreta balsámica
- Sal y pimienta para probar

INSTRUCCIONES:
a) Cocine los ñoquis según las instrucciones del paquete, luego escurra y reserve.
b) En un tazón grande, combine las hojas de espinacas frescas, el queso feta desmenuzado, los tomates cherry cortados por la mitad, la cebolla morada en rodajas finas y los piñones tostados.
c) Agrega los ñoquis cocidos al bol y rocía con el aderezo de vinagreta balsámica.
d) Condimentar con sal y pimienta.
e) Revuelva suavemente para mezclar todos los ingredientes.
f) Sirve la ensalada de ñoquis de espinacas y queso feta como una opción ligera y nutritiva.

72.Ensalada de espárragos y quinua

INGREDIENTES:
- 1 manojo de espárragos
- 1 taza de quinua cocida
- 1/4 taza de hierbas frescas picadas (como perejil, menta o albahaca)
- 1/4 taza de queso feta desmenuzado
- 2 cucharadas de jugo de limón
- 2 cucharadas de aceite de oliva virgen extra
- Sal y pimienta para probar
- Ingredientes opcionales: tomates cherry, pepino cortado en cubitos, cebolla morada en rodajas

INSTRUCCIONES:

a) Recorta los extremos duros de los espárragos y córtalos en trozos pequeños.

b) Cocer al vapor o blanquear los espárragos hasta que estén tiernos. Escurrir y dejar enfriar.

c) En un tazón grande, combine la quinua cocida, las hierbas frescas picadas, el queso feta desmenuzado, los espárragos enfriados y los aderezos opcionales.

d) Rocíe con jugo de limón y aceite de oliva virgen extra.

e) Sazone con sal y pimienta al gusto.

f) Mezcle suavemente para combinar todos los ingredientes.

g) Sirva la ensalada de espárragos y quinua como una comida sana y satisfactoria.

73.Ensalada de langosta, queso feta y raviolis

INGREDIENTES:
PARA LA ENSALADA:
- 8 onzas de carne de langosta cocida, picada
- 8 onzas de ravioles de queso cocidos
- 1 taza de tomates cherry, cortados por la mitad
- 1 taza de rúcula o ensalada de hojas verdes mixtas
- ¼ de taza de cebolla morada, en rodajas finas
- ¼ de taza de aceitunas negras en rodajas
- ¼ de taza de queso feta desmenuzado
- Hojas de albahaca fresca para decorar.

PARA EL VESTIDO:
- 3 cucharadas de aceite de oliva virgen extra
- 1 cucharada de jugo de limón
- 1 cucharadita de mostaza Dijon
- 1 diente de ajo, picado
- Sal y pimienta para probar

INSTRUCCIONES:

a) Cocine los ravioles según las instrucciones del paquete. Escurrir y dejar enfriar.

b) En un tazón grande, combine la carne de langosta picada, los ravioles cocidos, los tomates cherry, la rúcula o una ensalada mixta de verduras, la cebolla morada y las aceitunas negras. Mezcle suavemente para combinar.

c) En un tazón pequeño, mezcle el aceite de oliva, el jugo de limón, la mostaza Dijon, el ajo picado, la sal y la pimienta para hacer el aderezo.

d) Vierta el aderezo sobre la ensalada y revuelva hasta que todos los ingredientes estén cubiertos.

e) Espolvoree queso feta desmenuzado sobre la ensalada y revuelva suavemente nuevamente.

f) Divida la ensalada de langosta y ravioles en platos para servir.

g) Adorne con hojas de albahaca fresca.

h) Sirve la ensalada inmediatamente como una comida ligera y refrescante.

74. Ensalada César al Horno de Leña

INGREDIENTES:
ENSALADA
- 2 lechugas enteras, cortadas por la mitad a lo largo
- 8 lonchas de tocino ahumado
- 2 onzas de picatostes
- 2 onzas de queso feta
- 2 limones, partidos por la mitad
- 2 cucharadas de parmesano, rallado

VENDAJE
- 1 diente de ajo, machacado
- 2 anchoas, finamente picadas
- 5 cucharadas de mayonesa
- 1 cucharada de vinagre de vino blanco

INSTRUCCIONES:
a) En un tazón, agregue todos los ingredientes del aderezo y bata hasta que quede suave.
b) Precalienta la sartén Grizzler en el horno de leña.
c) Retire el Grizzler del horno de leña y agregue el tocino a la sartén.
d) Cocine durante tres minutos en su horno de leña o hasta que el tocino esté crujiente.
e) Retire la sartén del fuego y coloque las lechugas cortadas por la mitad y los limones encima del tocino en el Grizzler.
f) Cocine durante 1 minuto en el horno o hasta que aparezcan marcas de parrilla en la parte inferior de la lechuga y los limones.
g) Retire el contenido de la sartén y colóquelo en una fuente para servir.
h) Cubra la lechuga con queso feta desmenuzado, un generoso chorrito de aderezo y un puñado de picatostes crujientes.

75. Ensalada De Hibisco Y Quinua

INGREDIENTES:
- 1 taza de quinua cocida
- ½ taza de té de hibisco (fuertemente preparado y enfriado)
- 1 taza de tomates cherry, cortados por la mitad
- ½ taza de pepino, cortado en cubitos
- ¼ taza de cebolla morada, finamente picada
- ¼ taza de queso feta desmenuzado
- 2 cucharadas de perejil fresco picado
- 2 cucharadas de jugo de limón
- 2 cucharadas de aceite de oliva virgen extra
- Sal y pimienta para probar

INSTRUCCIONES:
a) En un tazón grande, combine la quinua cocida, el té de hibisco, los tomates cherry, el pepino, la cebolla morada, el queso feta desmenuzado y el perejil fresco picado.

b) En un tazón pequeño, mezcle el jugo de limón, el aceite de oliva, la sal y la pimienta.

c) Vierta el aderezo sobre la ensalada de quinua y revuelva suavemente para combinar.

d) Deje reposar la ensalada durante unos 15 minutos para permitir que los sabores se mezclen. Ajuste el condimento si es necesario.

e) Sirva la ensalada de quinua con infusión de hibisco como guarnición refrescante o agregue pollo, camarones o garbanzos a la parrilla para que sea una comida completa.

76.Ensalada de sandía y microvegetales de rábano

INGREDIENTES:
- 1 cucharada de vinagre balsámico
- Sal al gusto
- Un puñado de microvegetales de rábano
- 2 cucharadas de aceite de oliva, virgen extra
- 1 rodaja de sandía
- 2 Cucharadas de almendras picadas
- 20 g de queso feta, desmenuzado

INSTRUCCIONES:
a) Coloca tu sandía en un plato.
b) Unte el queso feta y las almendras encima de la sandía.
c) Rocíe con aceite de oliva virgen extra y vinagre balsámico.
d) Agrega los microgreens encima.

77.Ensalada griega de ravioles

INGREDIENTES:
- 1 paquete de raviolis de espinacas y queso feta
- 1 taza de pepino, cortado en cubitos
- 1 taza de tomates cherry, cortados por la mitad
- ½ taza de aceitunas Kalamata, deshuesadas y partidas por la mitad
- ¼ de taza de cebolla morada, en rodajas finas
- ¼ de taza de queso feta desmenuzado
- 2 cucharadas de jugo de limón
- 2 cucharadas de aceite de oliva virgen extra
- 1 cucharada de eneldo fresco, picado
- Sal y pimienta para probar

INSTRUCCIONES:

a) Cocine los raviolis de espinacas y queso feta según las instrucciones del paquete. Escurrir y dejar enfriar.

b) En un tazón grande, combine los ravioles cocidos, el pepino, los tomates cherry, las aceitunas Kalamata, la cebolla morada y el queso feta desmenuzado.

c) En un tazón pequeño aparte, mezcle el jugo de limón, el aceite de oliva virgen extra, el eneldo fresco, la sal y la pimienta para hacer el aderezo.

d) Vierta el aderezo sobre la ensalada y revuelva para cubrir.

e) Sirva la ensalada de ravioles griegos fría.

78. Ensalada De Sandía Y Menta

INGREDIENTES:
- 4 tazas de sandía en cubitos
- ¼ de taza de queso feta desmenuzado
- ¼ de taza de hojas de menta fresca picadas
- 2 cucharadas de glaseado balsámico
- Sal y pimienta para probar

INSTRUCCIONES:
a) En un tazón grande, mezcle la sandía en cubos, el queso feta desmenuzado y las hojas de menta picadas.
b) Rocíe el glaseado balsámico sobre la ensalada y sazone con sal y pimienta al gusto.
c) Sirve la ensalada de sandía fría.
d) ¡Disfrutar!

79. Ensalada De Menta Y Naranja

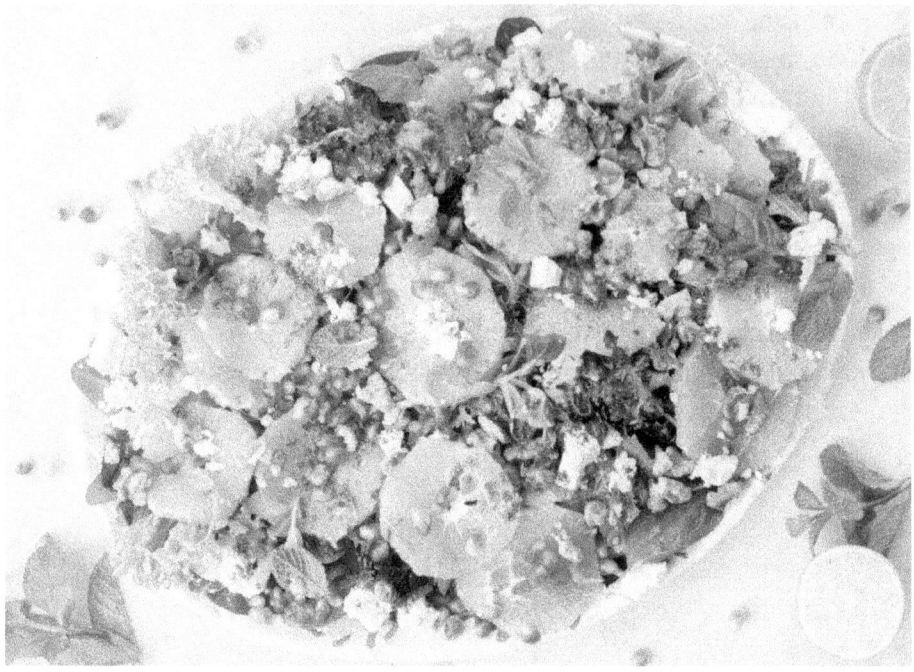

INGREDIENTES:
- 4 tazas de ensalada de verduras mixtas
- 2 naranjas, peladas y cortadas en rodajas
- ¼ de taza de queso feta desmenuzado
- ¼ de taza de hojas de menta fresca picadas
- 2 cucharadas de aceite de oliva
- 2 cucharadas de jugo de naranja
- Sal y pimienta para probar

INSTRUCCIONES:
a) En un tazón grande, mezcle las verduras para ensalada mixtas, las naranjas en rodajas, el queso feta desmenuzado y las hojas de menta picadas.
b) En un recipiente aparte, mezcle el aceite de oliva, el jugo de naranja, la sal y la pimienta hasta que estén bien combinados.
c) Rocíe el aderezo sobre la ensalada y revuelva para cubrir.
d) Sirve la ensalada de menta y naranja inmediatamente.
e) ¡Disfrutar!

80. Ensalada de tomates secos y queso feta

INGREDIENTES:
- 4 tazas de verduras mixtas
- ½ taza de tomates secos picados
- ½ taza de queso feta desmenuzado
- ¼ taza de cebolla morada rebanada
- ¼ taza de almendras rebanadas
- Sal y pimienta para probar
- Vinagre balsámico

INSTRUCCIONES:
a) En un tazón grande, combine las verduras mixtas, los tomates secados al sol picados, el queso feta desmenuzado, la cebolla morada en rodajas y las almendras en rodajas.
b) Sazone con sal y pimienta al gusto.
c) Rocíe vinagreta balsámica sobre la ensalada y revuelva para combinar.
d) Servir inmediatamente.

81. Ensalada griega de macarrones con queso

INGREDIENTES:
- 1 caja de macarrones con queso
- ½ taza de pepino picado
- ½ taza de tomates cherry picados
- ¼ de taza de queso feta desmenuzado
- ¼ de taza de aceitunas kalamata picadas
- ¼ de taza de cebolla morada picada
- 2 cucharadas de aceite de oliva
- 1 cucharada de vinagre de vino tinto
- Sal y pimienta para probar

INSTRUCCIONES:

a)   Cocine los macarrones con queso según las instrucciones de la caja. Dejar enfriar.

b)   En un recipiente aparte, mezcle el pepino picado, los tomates cherry picados, el queso feta desmenuzado, las aceitunas kalamata picadas, la cebolla morada picada, el aceite de oliva, el vinagre de vino tinto, la sal y la pimienta.

c)   Agregue los macarrones con queso enfriados y revuelva hasta que todo esté cubierto uniformemente.

82.Ensalada De Sandía A La Parrilla

INGREDIENTES:
- 4 rodajas gruesas de sandía, sin cáscara
- 4 tazas de rúcula
- ½ taza de queso feta desmenuzado
- ¼ de taza de hojas de menta picadas
- ¼ de taza de glaseado balsámico

INSTRUCCIONES:
a) Precalienta la parrilla a fuego alto.
b) Ase las rodajas de sandía durante 1 a 2 minutos por cada lado hasta que estén ligeramente carbonizadas.
c) Coloque la rúcula en una fuente para servir.
d) Cubra con rodajas de sandía asadas, queso feta desmenuzado y hojas de menta picadas.
e) Rocíe con glaseado balsámico y sirva.

83. Ensalada De Melocotón A La Parrilla Y Rúcula

INGREDIENTES:
- 3 melocotones, partidos por la mitad y sin hueso
- 4 tazas de rúcula
- ¼ de taza de menta fresca picada
- ¼ de taza de queso feta desmenuzado
- 2 cucharadas de vinagre balsámico
- 2 cucharadas de aceite de oliva
- Sal y pimienta negra

INSTRUCCIONES:
a) Precalienta la parrilla a fuego medio-alto.
b) Unte las mitades de melocotón con aceite de oliva y sazone con sal y pimienta negra.
c) Ase las mitades de durazno durante 2-3 minutos por cada lado o hasta que aparezcan marcas de parrilla.
d) Retirar de la parrilla y dejar enfriar.
e) Corta los melocotones asados en trozos pequeños.
f) En un tazón grande, combine la rúcula, los trozos de durazno asados, la menta picada y el queso feta desmenuzado.
g) En un tazón pequeño, mezcle el vinagre balsámico y el aceite de oliva.
h) Rocíe la vinagreta balsámica sobre la ensalada y revuelva para combinar.
i) Se sazona con sal y pimienta negro al gusto.
j) Servir inmediatamente.

84. Ensalada de pitahaya y quinua

INGREDIENTES:
- 1 fruta del dragón
- 2 tazas de quinua cocida
- ½ taza de queso feta desmenuzado
- ½ taza de pepino picado
- ½ taza de tomates cherry picados
- 2 cucharadas de menta fresca picada
- 2 cucharadas de aceite de oliva
- 1 cucharada de miel
- Sal y pimienta para probar

INSTRUCCIONES:
a) Corta la fruta del dragón por la mitad y saca la pulpa.
b) En un tazón grande, combine la quinua, el queso feta, el pepino, los tomates cherry y la menta.
c) En un recipiente aparte, mezcle el aceite de oliva, la miel, la sal y la pimienta.
d) Incorpora el aderezo a la mezcla de quinua hasta que esté bien combinado.
e) Incorpora la pulpa de la fruta del dragón.
f) Sirva frío sobre una cama de lechuga o verduras mixtas.

85. Ensalada De Amaretto Y Fresas

INGREDIENTES:
- 4 tazas de espinacas tiernas
- 1 litro de fresas frescas, en rodajas
- ¼ taza de almendras rebanadas
- ¼ taza de queso feta desmenuzado
- 2 cucharadas de vinagre balsámico
- 1 cucharada de miel
- 1 cucharada de licor de amaretto

INSTRUCCIONES:

a) En un tazón grande, combine las espinacas tiernas, las fresas en rodajas, las almendras en rodajas y el queso feta desmenuzado.

b) En un tazón pequeño aparte, mezcle el vinagre balsámico, la miel y el licor de amaretto.

c) Rocíe el aderezo sobre la ensalada y revuelva suavemente para combinar.

86.Ensalada wonton griega

INGREDIENTES:
- 4 tazas de verduras mixtas
- 1/4 taza de queso feta desmenuzado
- 1/4 taza de aceitunas Kalamata en rodajas
- 1/4 taza de pepino rebanado
- 1/4 taza de tomate cortado en cubitos
- 8 envoltorios de wonton, fritos y picados

VENDAJE:
- 2 cucharadas de vinagre de vino tinto
- 1 cucharada de aceite de oliva
- 1 diente de ajo, picado
- 1/2 cucharadita de orégano seco
- Sal y pimienta para probar

INSTRUCCIONES:

a) En un tazón grande, combine las verduras mixtas, el queso feta desmenuzado, las aceitunas Kalamata en rodajas, el pepino en rodajas y el tomate cortado en cubitos.

b) En un tazón pequeño, mezcle el vinagre de vino tinto, el aceite de oliva, el ajo picado, el orégano seco, la sal y la pimienta para hacer el aderezo.

c) Vierta el aderezo sobre la ensalada y revuelva para combinar.

d) Cubra con wonton fritos picados.

e) Servir inmediatamente.

87. Ensalada De Perejil Y Pepino Con Feta

INGREDIENTES:
- 1 cucharada de melaza de granada
- 1 cucharada de vinagre de vino tinto
- ¼ de cucharadita de sal de mesa
- ⅛ cucharadita de pimienta
- Una pizca de pimienta de cayena
- 3 cucharadas de aceite de oliva virgen extra
- 3 tazas de hojas de perejil fresco
- 1 pepino inglés, cortado por la mitad a lo largo y en rodajas finas
- 1 taza de nueces, tostadas y picadas en trozos grandes, cantidad dividida
- 1 taza de semillas de granada, divididas
- 4 onzas de queso feta, en rodajas finas

INSTRUCCIONES:

a) Batir la melaza de granada, el vinagre, la sal, la pimienta y la cayena en un tazón grande. Batiendo constantemente, rocíe lentamente con aceite hasta que esté emulsionado.

b) Agregue el perejil, el pepino, ½ taza de nueces y ½ taza de semillas de granada y revuelva para cubrir. Sazone con sal y pimienta al gusto.

c) Transfiera a un plato para servir y cubra con queso feta, la ½ taza restante de nueces y la ½ taza restante de semillas de granada.

d) Atender.

88.Ensalada de Otoño con Bayas de Goji

INGREDIENTES:
PARA LA ENSALADA:
- 1 paquete de 5 oz de espinacas tiernas
- 5 oz de queso feta desmenuzado
- ¾ taza de mitades de nueces pecanas
- 1 manzana verde Granny Smith en rodajas y sin corazón
- Paquete de 2 oz de bayas de Goji

PARA EL VESTIDO:
- ¼ taza de AOVE
- ¼ taza de vinagre de manzana
- ¼ taza de miel
- ¼ cucharadita de sal marina
- ¼ cucharadita de pimienta

INSTRUCCIONES:
a) En una ensaladera grande, agregue las espinacas y cubra con queso feta, nueces, manzana y bayas de Goji.
b) En un frasco pequeño de vidrio agrega AOVE, Vinagre de Manzana, Miel, Sal y Pimienta.
c) Tapa el frasco y agita vigorosamente hasta que se mezclen.
d) Vierta el aderezo sobre la ensalada.
e) ¡Disfrutar!

CONDIMENTOS Y ACOMPAÑANTES

89. Papas fritas griegas cargadas

INGREDIENTES:
- 4 patatas rojizas grandes
- Aceite vegetal para freír
- Sal al gusto
- 1 taza de salsa tzatziki
- ½ taza de queso feta desmenuzado
- Aceitunas Kalamata en rodajas
- Pepinos cortados en cubitos
- Eneldo fresco picado

INSTRUCCIONES:

a) Prepara las clásicas patatas fritas caseras.

b) Una vez que las patatas fritas estén cocidas, transfiéralas a una fuente para servir y espolvoree con sal.

c) Rocíe generosamente la salsa tzatziki sobre las papas fritas.

d) Espolvorea el queso feta desmenuzado encima.

e) Esparza las aceitunas Kalamata en rodajas y los pepinos cortados en cubitos sobre las patatas fritas cargadas.

f) Adorne con eneldo fresco picado.

g) Sirva inmediatamente y disfrute del sabroso y cargado sabor griego.

90. Alcachofas de Jerusalén con granada

INGREDIENTES:

- 500 g de alcachofas de Jerusalén
- 3 cucharadas de aceite de oliva virgen extra
- 1 cucharadita de semillas de nigella
- 2 cucharadas de piñones
- 1 cucharada de miel
- 1 granada, cortada por la mitad a lo largo
- 3 cucharadas de melaza de granada
- 3 cucharadas de queso feta, desmenuzado
- 2 cucharadas de perejil de hoja plana, picado
- Sal y pimienta negra

INSTRUCCIONES:

a) Precaliente el horno a 200 ° C / 400 ° F / marca de gas 6. Frote bien las alcachofas y luego córtelas por la mitad o en cuartos según el tamaño. Colóquelos en una bandeja para hornear grande en una sola capa y rocíe con 2 cucharadas de aceite. Sazone bien con sal y pimienta y luego espolvoree con las semillas de nigella. Ase durante 20 minutos o hasta que estén crujientes en los bordes. Agrega los piñones y la miel a las alcachofas durante los últimos 4 minutos de cocción.

b) Mientras tanto, quita las semillas de granada. Con un tazón grande y una cuchara de madera pesada, golpee el costado de cada granada partida por la mitad hasta que hayan salido todas las semillas. Retire cualquier médula. Vierta el jugo en un tazón pequeño y agregue el almíbar de granada y el aceite de oliva restante. Revuelva hasta que se combinen.

c) Cuando las alcachofas y los piñones estén listos, colóquelos en una fuente para servir con las semillas espolvoreadas. Vierta el aderezo sobre todo y termine con una pizca de queso feta y perejil para servir.

91. Pesto de alcachofas con queso

INGREDIENTES:
- 2 tazas de hojas de albahaca fresca
- 2 cucharadas de queso feta desmenuzado
- ¼ taza de queso parmesano recién rallado ¼ taza de piñones tostados
- 1 corazón de alcachofa, picado en trozos grandes
- 2 cucharadas de tomates secados al sol, picados y en aceite
- ½ taza de aceite de oliva virgen extra
- 1 pizca de sal y pimienta negra al gusto

INSTRUCCIONES:

a) En un procesador de alimentos grande, agregue todos los ingredientes excepto el aceite y el condimento y presione hasta que se combinen.

b) Mientras el motor funciona lentamente, agregue el aceite y presione hasta que quede suave.

c) Sazone con sal y pimienta negra y sirva.

92. Espinacas y patatas

INGREDIENTES:
- 4 patatas russet medianas, lavadas
- 1 cucharada de orégano
- 1 cucharada de aceite de oliva, extra virgen
- 3 dientes de ajo machacados
- 1 cucharadita de sal kosher
- ⅓ taza de queso crema ligero
- 1 taza de cebolla, picada
- 1 cucharadita de pimienta molida
- 1 libra de espinacas, picadas
- 1 taza de queso feta desmenuzado

INSTRUCCIONES:

a) Precalienta el horno a 400 grados F.

b) Hornee directamente en la rejilla del medio hasta que estén tiernos, de 50 a 60 minutos.

c) En una cacerola calentar el aceite.

d) Agregue la cebolla y cocine hasta que esté suave, 3 minutos.

e) Agrega las espinacas, el ajo y el orégano.

f) Cocine, revolviendo constantemente, hasta que la mezcla esté caliente, aproximadamente 4 minutos.

g) En una sartén de 9 x 13 pulgadas, coloque las pieles de las papas.

h) Pulse el queso crema, la pimienta y la sal con una batidora de mano.

i) Agregue la mezcla de espinacas y ½ taza de queso feta. Llene cada piel de papa con aproximadamente ¾ de taza de relleno. Espolvorea la 1 cucharada restante de queso feta encima.

j) Hornee hasta que la cobertura humee y el queso feta esté dorado, de 25 a 35 minutos.

POSTRE

93. Verrines de sandía y microverdes

INGREDIENTES:
- 1-½ cucharadita de gelatina en polvo sin sabor
- ½ taza de miel
- 1 cucharada de menta fresca picada
- Sal kosher
- 1 pera madura, como Anjou roja
- 1 cucharada de jugo de limón fresco
- 2 mini pepinos, partidos por la mitad a lo largo y cortados en medias lunas
- 4 onzas de queso feta, cortado en dados de ¼ de pulgada
- 2 tazas de sandía cortada en cubitos de ⅓ de pulgada
- ¼ de taza de microvegetales u hojas pequeñas de rúcula

INSTRUCCIONES:
a) Pon agua en un bol pequeño, espolvorea la gelatina por encima y deja reposar.
b) Derrita la miel en una cacerola de 1 litro a fuego medio. Agrega la gelatina y revuelve para que se disuelva.
c) Agrega sal y menta.
d) Vierta en una fuente para hornear cuadrada de 8 pulgadas y refrigere hasta que esté firme, de 1 a 2 horas.
e) Hasta 1 día antes de servir, corte la pera por la mitad y descorazone; corte 8 rebanadas finas a lo largo para decorar y corte el resto en dados de ¼ de pulgada.
f) En un tazón pequeño, mezcle la pera (en rodajas y en cubitos) con el jugo de limón y ¼ de cucharadita de sal.
g) En otro recipiente, mezcle el pepino con sal.
h) Corta la gelatina en cuadrados de ¼ de pulgada y retírala de la fuente para hornear con una espátula acodada.
i) Coloque en capas uniformemente la pera cortada en cubitos, luego los pepinos, la gelatina, el queso feta y la sandía en ocho vasos de fondo plano de 8 a 10 onzas.
j) Cubra cada uno con una rodaja de pera y refrigere hasta que esté frío, al menos 20 minutos.
k) Adorne con los microgreens justo antes de servir.

94.Spanakopita Rellena Microgreen

INGREDIENTES:
- 1 rollo de masa filo
- 8 onzas de espinacas congeladas (descongeladas)
- 4 onzas de queso feta desmenuzado
- 2 cucharadas de cebolla picada
- 1 huevo grande
- ⅛ cucharadita de sal kosher
- ⅛ cucharadita de nuez moscada molida
- 1 barra de mantequilla sin sal
- 1 edredón de semillas microverdes de col rizada entera
- Adorne: Microgreens y sal al gusto.

INSTRUCCIONES:

a) Precalienta el horno a 375. Exprime el exceso de agua de las espinacas descongeladas.

b) Agrega las espinacas a un bol con los microgreens, el queso feta, el huevo, la sal, la nuez moscada, la cebolla, la sal y la pimienta. Revuelve para combinar.

c) Derrite la mantequilla en una cacerola pequeña y ten lista tu brocha de repostería.

d) Después de extender la masa filo, corte cada hoja verticalmente por la mitad con un cuchillo afilado para crear dos conjuntos de rectángulos.

e) Cepille la hoja superior de masa filo con mantequilla y colóquela sobre una superficie nivelada.

f) Agrega otra hoja de masa filo encima.

g) Unte con mantequilla una vez más.

h) Repite el proceso con una tercera hoja para crear tres capas.

i) Coloca dos cucharadas generosas del relleno en la esquina de la masa filo.

j) Toma esa esquina y sobre el relleno, dóblala creando un triángulo.

k) Presione el relleno en el triángulo para distribuirlo uniformemente.

l) Se debe untar una pequeña cantidad de mantequilla encima.

m) Dobla la masa una y otra vez hasta obtener un pequeño paquete triangular.

n) Repite el proceso, colocando las láminas de masa filo rellenas en una bandeja para horno y cubriéndolas con un paño de cocina, hasta haber utilizado todos los rellenos.

o) Unte con mantequilla toda la parte superior de la spanakopita.

p) Colóquelo en el horno y hornee por 20 minutos o hasta que esté crujiente y dorado.

q) Cuando todo esté listo, cúbrelo con algunos microgreens frescos y una pizca de sal al gusto.

95. Pastel de olla estilo libanés

INGREDIENTES:
- 3 cucharadas de puré de ajo
- ¼ taza de queso feta con hierbas desmenuzado
- 1 yema de huevo
- 1 hoja de hojaldre congelada, descongelada y cortada por la mitad
- 2 tazas de espinacas frescas picadas
- 2 mitades de pechuga de pollo deshuesadas y sin piel
- 2 cucharadas de pesto de albahaca
- 1/3 taza de tomates secados al sol picados

INSTRUCCIONES:s

a) Configure su horno a 375 grados F antes de hacer cualquier otra cosa.

b) Cubra las pechugas de pollo con una mezcla de puré de ajo y yema de huevo en un plato de vidrio antes de cubrirlas con una envoltura de plástico y refrigerar estas pechugas de pollo durante al menos cuatro horas.

c) Coloque la mitad de las espinacas en el centro de la mitad de una masa y luego coloque un trozo de pechuga de pollo encima antes de agregar 1 cucharada de pesto, tomates secados al sol, queso feta y luego las espinacas restantes.

d) Envuélvelo con la otra mitad de la masa.

e) Repita los mismos pasos para las pechugas restantes.

f) Coloque todo esto en una fuente para horno.

g) Hornea en el horno precalentado durante unos 40 minutos o hasta que el pollo esté tierno.

h) Atender.

96.Hojaldres de espinacas y queso feta

INGREDIENTES:
- 1 hoja de hojaldre, descongelado
- 1 taza de espinacas frescas, picadas
- ½ taza de queso feta desmenuzado
- ¼ de taza de tomates secos picados
- 1 huevo batido
- Sal y pimienta para probar

INSTRUCCIONES:

a) Precalienta el horno a 400°F (200°C).

b) Sobre una superficie ligeramente enharinada, extienda el hojaldre hasta que tenga un grosor de aproximadamente ¼ de pulgada.

c) Cortar el hojaldre en 9 cuadrados iguales.

d) En un bol, mezcle las espinacas, el queso feta, los tomates secados al sol, la sal y la pimienta.

e) Vierta aproximadamente 1 cucharada de la mezcla de espinacas en cada cuadrado de hojaldre.

f) Dobla las esquinas del hojaldre hacia arriba y sobre el relleno, presionando los bordes para sellar.

g) Pincelar cada hojaldre con huevo batido.

h) Hornee durante 15-20 minutos hasta que estén dorados.

97.Fondue de queso feta y ricota

INGREDIENTES:
- 3 cucharadas de mantequilla o margarina
- 4 onzas de queso feta, en cubos
- ⅛ cucharadita de pimienta negra
- 1 Limón, jugo de
- 1 cucharada de perejil picado
- 1 taza de queso ricota

INSTRUCCIONES:

a) Derrita la mantequilla en una sartén pesada de 8 pulgadas o en una cacerola de 1 litro a fuego lento.

b) Agrega el queso feta y ricotta y la pimienta. Cocine, revolviendo constantemente y triturando ligeramente los quesos, hasta que se ablanden y comiencen a burbujear, aproximadamente 5 minutos.

c) Agregue el jugo de limón y decore con perejil si lo desea. Sirva de inmediato; A medida que la fondue se enfría, pierde sabor.

98. Pastel de hierbas

INGREDIENTES:
- 2 cucharadas de aceite de oliva, más un poco más para untar la masa
- 1 cebolla grande, picada
- 1 lb / 500 g de acelgas, tallos y hojas finamente ralladas
- 5 oz / 150 g de apio, en rodajas finas
- 1¾ oz / 50 g de cebolla verde, picada
- 1¾ oz / 50 g de rúcula
- 1 oz / 30 g de perejil de hoja plana, picado
- 1 oz / 30 g de menta, picada
- ¾ oz / 20 g de eneldo picado
- 4 oz / 120 g de queso anari o ricotta, desmenuzado
- 3½ oz / 100 g de queso cheddar añejo, rallado
- 2 oz / 60 g de queso feta, desmenuzado
- ralladura de 1 limón
- 2 huevos grandes de gallinas camperas
- ⅓ cucharadita de sal
- ½ cucharadita de pimienta negra recién molida
- ½ cucharadita de azúcar extrafina
- 250 g de masa filo

INSTRUCCIONES:

a) Precalienta el horno a 400°F / 200°C. Vierta el aceite de oliva en una sartén grande y profunda a fuego medio. Agrega la cebolla y sofríe durante 8 minutos sin que se dore. Agrega los tallos de acelgas y el apio y continúa cocinando durante 4 minutos, revolviendo ocasionalmente. Agrega las hojas de acelgas, aumenta el fuego a medio-alto y revuelve mientras cocinas durante 4 minutos, hasta que las hojas se ablanden. Agregue la cebolla verde, la rúcula y las hierbas y cocine por 2 minutos más. Retirar del fuego y transferir a un colador para que se enfríe.

b) Una vez que la mezcla esté fría, exprime tanta agua como puedas y transfiérala a un tazón para mezclar. Agrega los tres quesos, la ralladura de limón, los huevos, la sal, la pimienta y el azúcar y mezcla bien.

c) Extender una lámina de masa filo y untarla con un poco de aceite de oliva.

d) Cubra con otra hoja y continúe de la misma manera hasta que tenga 5 capas de filo untadas con aceite, todas cubriendo un área lo suficientemente grande como para forrar los lados y el fondo de un molde para pastel de 8½ pulgadas / 22 cm, más un poco más para colgar sobre el borde. .

e) Forre el molde para pastel con la masa, rellénelo con la mezcla de hierbas y doble el exceso de masa sobre el borde del relleno, recortando la masa según sea necesario para crear un borde de ¾ de pulgada / 2 cm.

f) Haga otro conjunto de 5 capas de filo untadas con aceite y colóquelas sobre el pastel.

g) Arrugue un poco la masa para crear una parte superior ondulada y desigual y recorte los bordes para que cubra apenas la tarta. Unte generosamente con aceite de oliva y hornee durante 40 minutos, hasta que el filo adquiera un bonito color dorado.

h) Retirar del horno y servir tibio o a temperatura ambiente.

99.burekas

INGREDIENTES:
- 500 g / 1 libra de hojaldre con mantequilla de la mejor calidad
- 1 huevo grande de gallinas camperas, batido

RELLENO DE RICOTA
- ¼ de taza / 60 g de requesón
- ¼ de taza / 60 g de queso ricota
- ⅔ taza / 90 de queso feta desmenuzado
- 2 cucharaditas / 10 g de mantequilla sin sal, derretida

RELLENO DE PECORINO
- 3½ cucharadas / 50 g de queso ricotta
- ⅔ taza / 70 g de queso pecorino añejo rallado
- ⅓ taza / 50 g de queso Cheddar añejo rallado
- 1 puerro, cortado en gajos de 5 cm / 2 pulgadas, blanqueado hasta que esté tierno y picado finamente (¾ taza / 80 g en total)
- 1 cucharada de perejil de hoja plana picado
- ½ cucharadita de pimienta negra recién molida

SEMILLAS
- 1 cucharadita de semillas de nigella
- 1 cucharadita de semillas de sésamo
- 1 cucharadita de semillas de mostaza amarilla
- 1 cucharadita de semillas de alcaravea
- ½ cucharadita de hojuelas de chile

INSTRUCCIONES:

a) Extienda la masa en dos cuadrados de 30 cm / 12 pulgadas cada uno de 3 mm / ⅛ de pulgada de espesor. Coloque las hojas de masa en una bandeja para hornear forrada con papel pergamino (pueden reposar una encima de la otra, con una hoja de pergamino entre ellas) y déjelas en el refrigerador durante 1 hora.

b) Coloque cada conjunto de ingredientes de relleno en un recipiente aparte. Mezclar y reservar. Mezclar todas las semillas en un bol y reservar.

c) Corta cada hoja de masa en cuadrados de 10 cm / 4 pulgadas; Deberías obtener 18 cuadrados en total. Divida el primer relleno de manera uniforme entre la mitad de los cuadrados y colóquelo en el centro de cada cuadrado. Cepille dos bordes adyacentes de cada cuadrado con huevo y luego doble el cuadrado por la mitad para formar un triángulo. Expulse el aire y junte los lados firmemente. Hay que presionar muy bien los bordes para que no se abran durante la cocción. Repita con los cuadrados de masa restantes y el segundo relleno. Colóquelo en una bandeja para hornear forrada con papel pergamino y enfríe en el refrigerador durante al menos 15 minutos para que se endurezca. Precalienta el horno a 425°F / 220°C.

d) Cepille los dos bordes cortos de cada masa con huevo y sumerja estos bordes en la mezcla de semillas; Todo lo que se necesita es una pequeña cantidad de semillas, de sólo ⅙ de pulgada/2 mm de ancho, ya que son bastante dominantes. Cepille también la parte superior de cada hojaldre con un poco de huevo, evitando las semillas.

e) Asegúrese de que los pasteles estén espaciados aproximadamente 1¼ pulgadas / 3 cm.

f) Hornee de 15 a 17 minutos, hasta que esté dorado por todas partes. Servir tibio o a temperatura ambiente.

g) Si parte del relleno se derrama de los pasteles durante el horneado, simplemente rellénelo con cuidado cuando estén lo suficientemente fríos como para manipularlos.

100. Tarta de queso mediterráneo

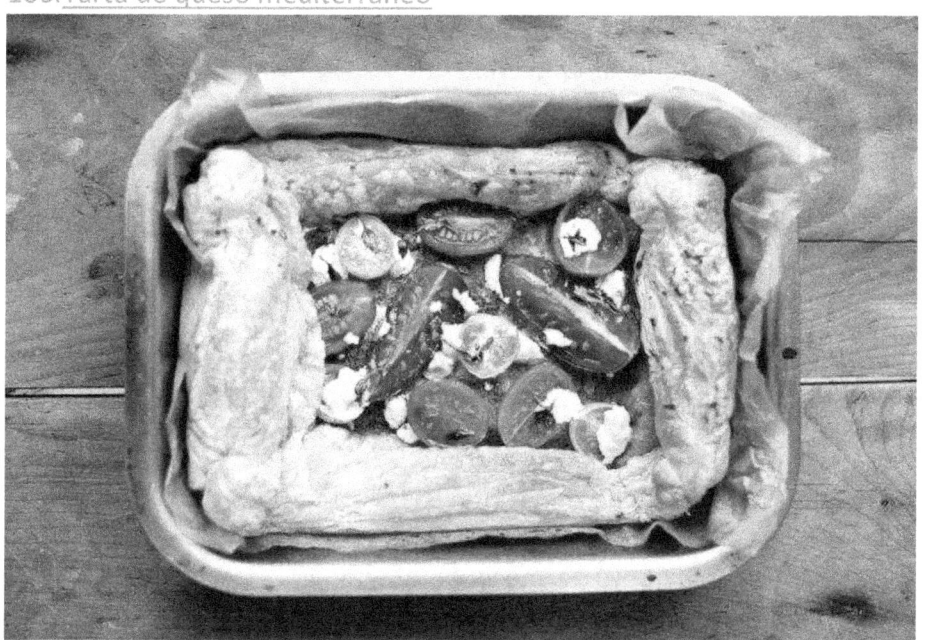

INGREDIENTES:

- 8 hojas de masa filo congelada; descongelado
- ¼ taza de Mantequilla; Derretido
- ¼ de taza de queso parmesano; rallado
- ½ taza de cebolla; Cortado
- 1 cucharadita de romero fresco; cortado
- ¼ cucharadita de romero seco, triturado)
- 1 cucharada de aceite de oliva
- 5 onzas de espinacas picadas congeladas; descongelado
- ⅓ taza de piñones o nueces tostadas
- 1 huevo
- 1 taza de queso ricota
- ½ taza de queso feta; se desmoronó
- ¼ de taza de aceite de tomates secos; agotado
- ¼ cucharadita de pimienta molida gruesa
- 1 cucharada de queso parmesano; rallado

INSTRUCCIONES:

a) Desdoblar masa filo; cúbralo con una envoltura de plástico o una toalla húmeda para evitar que se seque. Sobre una superficie de trabajo seca, coloque una hoja de pasta filo; untar con mantequilla.

b) Cubra con otra hoja de masa filo, unte con mantequilla y espolvoree con 1 cucharada de queso parmesano. Repita con el resto de las hojas de masa filo, la mantequilla y el parmesano. Con unas tijeras de cocina, corte la masa filo en un círculo de 11".

c) Coloque el filo de manera uniforme en la sartén preparada, plisándolo según sea necesario y teniendo cuidado de no romper el filo. Cubra la sartén con una toalla húmeda; dejar de lado.

d) Para el relleno: cocine las cebollas y el romero en aceite de oliva en una cacerola mediana hasta que las cebollas estén tiernas. Agregue las espinacas y los piñones (o nueces).

e) Extienda en el molde desmontable forrado con masa filo. Dejar de lado.

f) Batir ligeramente el huevo en un tazón mediano. Agregue la ricota, el queso feta, los tomates y la pimienta. Distribuya con cuidado sobre la mezcla de espinacas. Espolvorea con 1 cucharada de queso parmesano.

g) Coloque el molde desmontable en una bandeja para hornear poco profunda sobre la rejilla del horno. Hornee en un horno a 350 durante 35 a 40 minutos o hasta que el centro parezca casi listo al agitarlo.

h) Enfríe la tarta en un molde desmontable sobre una rejilla durante 5 minutos. Afloje los lados del molde. Deje enfriar de 15 a 30 minutos más. Antes de servir, retire los lados del molde desmontable. Servir caliente.

CONCLUSIÓN

Al llegar al final de este viaje culinario, esperamos que las recetas y el conocimiento compartido en este libro de cocina hayan despertado su imaginación y hayan abierto sus papilas gustativas a las maravillas del queso feta. La versatilidad del queso feta no conoce límites y te animamos a que sigas experimentando con este querido ingrediente en tu propia cocina.

Ya sea que esté desmoronando queso feta sobre una ensalada fresca de verano, derritiéndolo en una salsa cremosa para pasta o agregando un toque sorprendente a un dulce, recuerde que el mundo del queso feta es su ostra. Deja que tu creatividad te guíe mientras exploras nuevos sabores, texturas y combinaciones.

Esperamos que "Fromage Fantasia: EL ÚLTIMO LIBRO DE COCINA DE QUESO FETA" te haya inspirado a abrazar la magia del queso feta y embarcarte en innumerables y deliciosas aventuras. Ya sea que sea un cocinero experimentado o un apasionado de la comida, que este libro de cocina sea una fuente de inspiración y deleite mientras infunde a sus platos el carácter distintivo del queso feta.

Así que reúne tus ingredientes, libera el chef que llevas dentro y deja que los encantadores sabores del queso feta te transporten a las soleadas costas del Mediterráneo. Con cada bocado, saboree la alegría de descubrir nuevas posibilidades culinarias y compartir deliciosas comidas con sus seres queridos. ¡Feliz cocina!

www.ingramcontent.com/pod-product-compliance
Lightning Source LLC
LaVergne TN
LVHW021702060526
838200LV00050B/2464